SV

Gruppenporträt

Wer ist wer in
der »Zahnlosen Zeit«?
von
A. F. Th. van der Heijden

Aus dem Niederländischen
von Helga van Beuningen

Suhrkamp Verlag

Umschlag: Hermann Michels und Regina Göllner
Druck: Nomos Verlagsgesellschaft, Baden-Baden
Printed in Germany
Erste Auflage 2003
ISBN 3-518-41431-3

1 2 3 4 5 6 - 08 07 06 05 04 03

Inhalt

Editorische Notiz

Der Januskopf erschien zum ersten Mal als Nachwort zu A.F. Th. van der Heijdens deutscher Übersetzung des Romans *De Draaideur, Die Drehtür*, Frankfurt am Main 1997 (edition suhrkamp Band 2007), S. 145-157.

Die Briefe A.F. Th. van der Heijdens, »Berichte aus der Werkstatt«, erschienen zuerst in deutscher Übersetzung im *Schreibheft*, 59, Oktober 2002, S. 35-56, unter dem Titel *Gefaltete Worte* und sind eine Teilübersetzung von *Gevouwen woorden*, Amsterdam.

Der Briefwechsel zwischen Helga van Beuningen und A.F. Th. van der Heijden wird hier erstmalig gedruckt.

Das »Gruppenporträt. Wer ist wer in der ›Zahnlosen Zeit‹?« mit den beiden Unterkapiteln »Die Personen« und »Albert Egberts: Ein Leben in die Länge« von Jan Brands und Anthony Mertens erschien auf niederländisch 1996 als eigenständige Broschüre (*Groepsportret. Wie is wie in ›De tandeloze tijd‹ van A.F. Th.*, Em. Querido) und wird hier zum ersten Mal in deutscher Sprache publiziert.

A. F. Th. van der Heijden

Der Januskopf

»Psychologen ... sie geben uns mit sich selbst kein kleines Rätsel auf.« Soviel wußte schon Nietzsche.

Nachahmung der Welt der Eltern? Mit ebensoviel Recht sagt ein anderer Psychologe, das Puppenspielen der Mädchen müsse als instinktive Vorbereitung auf ihre Rolle in der Ehe gesehen werden. Das Puppenhaus als unbewußt gewählte Schule ... für den Schriftsteller, auch wenn er sonst auf Psychologen pfeift, hat dieser Gedanke etwas Reizvolles. Vielleicht hat er dem Puppenhaus seiner Anfangszeit zu Unrecht beschämt den Rücken gekehrt.

Der Zeichner, Maler, Bildhauer hat seine Kunstakademie. Der Schriftsteller muß sich in einem kahlen Raum seine eigene imaginäre Lehrstätte einrichten, mit Staffeleien, Perspektiv- und Keilrahmen, Modellen und so weiter. Und damit nicht genug – er wechselt in einem fort die Rolle, ist Lehrmeister und Schüler in einer Person, während er gleichzeitig auf einem Podest nackt für eine Figurstudie posiert. Und das alles, ohne daß ihm ein Diplom in Aussicht gestellt wird. Von einem Stipendium ganz zu schweigen ...

Wir haben uns dadurch nicht abschrecken lassen. Zur Zeit meines Puppenhauses stellte ich mir die Aufgabe, nicht nur mit immer wieder anderen Romanfiguren zu experimentieren, nein, mir schwebte noch mehr vor: Wie der portugiesische Dichter Pessoa würde ich verschiedene Schriftstellergestalten ins Leben rufen, jede mit eigenem Heteronym. Diese ersonnenen Autoren konnten dann ihrerseits aus ihrer Autobiographie neue Charaktere erschaffen.

Bescheiden anfangen, dachte ich mir – die Sache nicht gleich forcieren. Zwei Schriftsteller sind fürs erste genug, danach sehen wir weiter.

Mir war von Anfang an klar, daß es zwei völlig unterschiedliche Figuren sein mußten. Als Reverenz vor einem 1972 verstorbenen Hausfreund namens Albert Egbers, der mir in meiner Kindheit ein zweiter Vater gewesen war, gab ich dem einen Schriftsteller das Heteronym Albert Egberts. (Das »t« muß ich aus einer Art Symmetriezwang unbewußt eingefügt haben. Als meine Mutter mich Jahre später darauf aufmerksam machte, war dieser Buchstabe in dem Namen bereits fest verwurzelt und ließ sich nicht mehr unbeschadet entfernen.) Albert Egberts, so hatte ich in jugendlichem Überschwang beschlossen, war so etwas wie ein niederländischer Céline: jemand, der sich in einer abgehackten, mit Schimpfwörtern und Flüchen gespickten Prosa ausdrückte – und das nach holländischer Manier, das heißt mit unverhältnismäßig viel Genörgel über Wetter und Wasserstände. Als Puppenspieler hielt ich die Fäden straff in der Hand: Ich setzte den angehenden Autor Egberts an den Roman *Scharen (Scheren).* Da der Schriftsteller ja selbst schon fiktiv war, durfte er von mir aus so autobiographisch schreiben, wie es ihm richtig erschien – so würden die Gesetze der Imagination, die mein Puppentheater regierten, nicht mit Füßen getreten werden.

Die Hauptfigur seines Romans war ein vorerst noch namenloses »Ich« ohne Vergangenheit, das an einem Fallschirm aus dem Nichts im nächtlichen Amsterdam abgesetzt wurde. Der Mann trug lediglich eine Schere bei sich, mit der er wie ein Rasender parkende Autos aufzubrechen begann.

Während Albert Egberts mit kruden Worten zügig an *Scheren* weiterschrieb, entstand Ende 1977 in Italien sein manieristisches Gegenstück Patrizio Canaponi. Dieses Heteronym setzte sich, ziemlich willkürlich, aus dem Nachnamen einer Florentinerin, mit der ich in Fiesole hoch über der Stadt eine unklare Romanze in ihrem Fiat hatte (bis sich an dem kleinen Auto vorzeitig die Handbremse löste), und dem Vornamen eines Philosophiestudenten aus Verona zusammen, der mir die Werke Jean Genets in italienischer Übersetzung zu lesen gegeben hatte. Weiter gibt es nichts über die Lieferanten meines zweiten Heteronyms zu sagen.

In seiner meisterhaften Erzählung *Paralipomena Orphica* gesteht Harry Mulisch, daß er im Sommer von seinem Balkon aus gelegentlich mit Hilfe eines Fernglases irgendein x-beliebiges Gesicht eines arglosen Gastes im Straßencafé gegenüber »stiehlt« und es im folgenden für seine Arbeit verwendet. »Welche Folgen hat ein solcher Eingriff für den Betroffenen?« fragt sich der Schriftsteller leicht schuldbewußt. »Er kommt nach Hause – einen Augenblick lang erkennt ihn seine Frau nicht: Das geht vorbei, aber es kehrt wieder; ein Jahr später sind sie geschieden; allein gelassen spürt er, daß er mehr verloren hat als nur seine Frau: Sein ganzes weiteres Leben lang sucht er danach, wird zum Vagabunden, stirbt am anderen Ende der Welt an Gesichtsverlust.«

Wie ergeht es jemandem, dem auf die gleiche hinterhältige Weise der Name gestohlen wird? Ich hoffe aus tiefstem Herzen, daß die unfreiwilligen Namensgeber von Patrizio Canaponi nicht irgendwo hohläugig, identitätslos über den Globus streifen, denn das lag nicht in meiner Absicht.

Dezember 1977. In einem kleinen sizilianischen Hotelzimmer, das umgerechnet sechs Gulden fünfunddreißig pro Nacht kostete und in dem hinter einem mit Maschendraht verschlossenen Loch in der Wand Kaninchen gehaust hatten, traute ich mich endlich – mit anmutig geschwungenen Buchstaben, aber zitternder Hand, denn es fühlte sich wie Verrat an –, *Patrizio Canaponi* auf ein Blatt Papier zu schreiben. Canaponi begann mit einer ebenso leichtfüßigen wie barocken Novelle der Art, die sein derweil tatenlos in einer Ecke des Zimmers Trübsal blasender Kollege Egberts nie schreiben würde: *Bruno Tirlantino o le nozze della principessa.* Im Laufe der darauffolgenden Wochen sollte auch er einen Roman in

Angriff nehmen, *Knapensluimer (Knabenschlummer)*, in dem der frischgebackene Schriftsteller nach Herzenslust mit einer unüblichen Erzählform experimentieren konnte, einer Art homerischem oder olympischem »Wir«, freilich im Tonfall des zwanzigsten Jahrhunderts.

Nachdem der italienische Name nun auf dem Umschlagblatt des Manuskrips stand, funktionierte er wie beabsichtigt nach und nach als Alibi für den Stil. Fern von Vaterland und Muttersprache, fühlte ich mich völlig befreit vom niederländischen Zwang, »ökonomisch« oder »nüchtern« zu schreiben. Jeder herrlich mäandernde Satz aus der Feder Patrizio Canaponis bedeutete einen weiteren Schritt hin zur Abrechnung mit dem ruppigen Sprachhaß aus dem Milieu meiner frühen Jugendjahre. Und außerdem: Indem ich mit *Knabenschlummer* einen üppigen Garten schuf, glaubte ich, mich in Amsterdam völlig befriedigt der grauen, rauhen Wirklichkeit hingeben zu können, die die Landschaft von *Scheren* bilden sollte.

Hätte sich Canaponi nur, wie Egberts, ausschließlich an seinen Roman gehalten, so wären beide Bücher vielleicht zur selben Zeit fertig geworden, und dann hätten die beiden so unterschiedlichen Autoren nach Herzenslust gegeneinander ausgespielt werden können – natürlich von verschiedenen Verlagen und unter sorgsamer Wahrung sämtlicher Mystifikationen.

Es hat nicht sollen sein. Im Januar 1978 sandte ich nicht nur die beiden ersten Kapitel von *Knabenschlummer* an die niederländische Literaturzeitschrift *De Revisor* ein, sondern auch die – viel leichter zugängliche – Erzählung *Bruno Tirlantino of De Bruiloft van prinses Ann* (*Bruno Tirlantino oder Die Hochzeit von Prinzessin Ann*), letzteres als Anreißer. Bei meiner Rückkehr nach Amsterdam irgendwann im Februar fand ich in meiner Post zwei wichtige Briefe. In dem einen, von *De Revisor*, hieß es, sie würden *Bruno Tirlantino* bringen. Der andere kam vom Querido Verlag, an den meine Manuskripte weitergeleitet worden waren. Wenn ich noch mehr Erzählungen wie die über die Hochzeit von Prinzessin Ann liefern könne, so schrieb der damalige Verlagsleiter, so ziehe man durchaus eine Veröffentlichung in Betracht. Beide wanden sich äußerst diplomatisch um das Thema *Knabenschlummer,* aber ich merkte auch so, daß sie den Text – zumindest als Debüt – für zu unzugänglich hielten.

Ich hätte natürlich im Namen von Patrizio Canaponi nicht lockerlassen dürfen: erst der Roman ... Doch der unberechenbarste Feind des Menschen hatte bereits zugeschlagen. Die Eitelkeit. *Mich bald gedruckt zu sehen* ... das war der Köder, der mich aus meinem mit zwei Heteronymen abgesicherten Schlupfwinkel hervorzulocken verstand. Ich setzte Albert Egberts zu Hause mitsamt seinen *Scheren* hinter Schloß und Riegel und begab mich höchstpersönlich zu meinem künftigen Verleger, dem ich mich – im wahrsten Sinne des Wortes halbherzig – als Patrizio Canaponi vorstellte. Wiederum mit einem Gefühl des Verrats, diesmal gegenüber Egberts, versprach ich, bis Ende Juni meine Erzählungen fertig zu haben.

Im Herbst 1978 erschien Canaponis Debüt. *Een gondel in de Herengracht* (*Eine Gondel in der Herengracht*) mit einem Foto von mir auf der Rückseite – einem zwar sorgfältig auf den südländischen Augenaufschlag hin ausgewählten Porträt, aber doch unverkennbar meinem. So wurde die Person van der Heijden, die hinter zwei erfundenen Autorengestalten ganz hatte verschwinden wollen, *selbst* zu Patrizio Canaponi, inklusive einer leicht korrigierten Biographie (»von niederländisch-italienischem Blute«). Cees Nooteboom, mit dem ich korrespondierte, nachdem ich ihm einige Canaponi-Gedichte geschickt hatte, die er als Redakteur von *Avenue-literair* veröffentlichen wollte, hatte noch rechtzeitig versucht, mich zu warnen. »(...) a) wird man immer denken, daß es sich um einen übersetzten Schriftsteller/Dichter handelt; b) werden Sie das ständig in Interviews erklären müssen. (...) Sie brauchen sich selbstverständlich nicht darum zu kümmern, es ist lediglich der Rat eines Menschen, der denkt, daß Ihr Name, für welchen Sie sich auch immer entscheiden mögen, lange Bestand haben wird.«

Als überzeugender Eigenname hatte »Patrizio Canaponi« jedenfalls nicht lange Bestand, doch das lag eher an einer falschen, kalvinistischen Art von Wahrheitsliebe bei meinen Landsleuten. Die Niederlande sind das einzige Land der Erde, in dem man sich durch die Wahl eines Pseudonyms in ein Glashaus begibt. Möchten Sie ein unauffälliges und ungestörtes Leben führen? Dann verbergen Sie sich tunlichst hinter Ihrem eigenen Namen.

Bereits zu Beginn des Jahres 1979 wurde in dem satirischen Studentenblatt *Propria Cures* enthüllt, daß ein gewisser »Adrie (sic!) van der Heide (sic!), ein ganz normaler Brabanter Junge«, an einem dämmrigen Nachmittag seine Wohnung im Amsterdamer Viertel De Pijp verließ, um in dem kleinen Supermarkt an der Ecke einzukaufen. Er hatte sich als Patrizio Canaponi ausgegeben, folglich: »Womit wird er wieder herauskommen, mit einer Dose Ravioli oder einer Pizza Zamponi? Falsch. Bei unserem Adrie (sic!) gibt's heute abend Ackererbsen.« Daraufhin folgte, auch in den seriösen Blättern, eine glutvolle Enttarnung nach der anderen, die allesamt einem feurigen, kalvinistischen Wahrheitsdrang entsprangen. Nirgendwo klang auch nur die leiseste Vermutung an, das Pseudonym und die dazugehörige Mystifikation könne möglicherweise einem literarischen Zweck dienen – einem Umweg der Imagination zum Beispiel. Ach ja, diese Wahrheitsritter der Normalität. Ich habe seit langem gelernt, mit ihnen zu leben.

Im Laufe desselben Jahres (1979) unternahm Albert Egberts einen gelungenen Coup – einen Versuch, das Puppenhaus nach seinen Vorstellungen einzurichten. Mit scheelen Blicken sah Canaponi zu, wie zugunsten der ungehobelten *Scheren* Raubbau am eleganten *Knabenschlummer* getrieben wurde, und zwar nicht nur hinsichtlich der zur Verfügung stehenden Arbeitszeit. Hier handelte es sich um einen kapitalen Knabenraub, ein

Entführen noch unberührter Charaktere, die auf brutale Weise Albert Egberts' krudem Realismus unterworfen wurden. Was Canaponi aufrecht hielt, war das Bewußtsein, selbst beim Komponieren von *Eine Gondel in der Herengracht* in bezug auf das *Scheren*-Manuskript nicht anders gehandelt zu haben, wenngleich es damals eine viel subtilere, verblümte Art von Raubbau gewesen war. Patrizio sagte es Mozart, seinem großen Vorbild in puncto Leichtigkeit und Anmut, nach: »Ich schmecke den Tod bereits auf der Zunge.« Anfang Mai zog er sich auf die Isola Maggiore im Lago Trasimeno zurück, um seinen Schwanengesang zu verfassen. Es wurde ein Schwan mit vier Flügeln: *Die Drehtür.*

Der Roman berichtet von einer Couvade, einem »Männerkindbett«, in Form eines schier unentwirrbaren Wusts von Erinnerungen und Visionen, bis der erlösende – oder vernichtende – Anruf aus der Entbindungsklinik dem ein Ende macht. *Die Drehtür* ist also ein Roman über die Geburt. Mehr noch ist es ein Roman über den Tod – angefangen bei dem einem Gedicht von Cees Nooteboom entlehnten Motto (»Langsam schwebe ich auf die Spiegel zu / in denen ich schmelzen werde«) bis hin zum Schlußsatz (»Ich atme ein letztes Mal ein«).

Dieser Schlußsatz scheint darauf hinzudeuten, daß ich zögerte, Patrizio Canaponi seinen letzten Atemzug jetzt schon tun zu lassen. Solange die eingeatmete Luft seine Lungen noch füllt, kann ihn der Geist nicht endgültig verlassen haben. Er sollte mir noch zupaß kommen.

Nachdem *Die Drehtür* im Herbst 1979 erschienen war, kam der Geist Albert Egberts' erst richtig über mich, wenngleich ich sofort hinzufügen muß, daß der Geist van der Heijdens schon bald über Albert Egberts kam. Nun, da Egberts' Gegenstück Canaponi weggefallen war, gab es keine Notwendigkeit mehr, mit einer plumpen, rüden Sprache gegen barocken Manierismus anzugehen. Albert behielt seine Wut, doch diese Wut kam mit der Zeit nur noch aus seinem Mund, nicht mehr aus seiner Feder.

Die Feder, die führte ich, Adri van der Heijden – oder A. F. Th. van der Heijden, wie es vier Jahre später auf dem Buchumschlag stand. Nachdem er bereits halbiert worden war, wurde dem Januskopf nun auch die letzte noch verbliebene Maske genommen. So wurde Albert Egberts die willenlose Hauptperson des Romans, den er selbst, als fiktiver Autor, in Gang gesetzt hatte. Jetzt, da das Manuskript Egberts' Händen entzogen war, verwandelte sich der Titel *Scheren* in *A working class hero* – nach einem Popsong von John Lennon, und nachdem dieser in New York erschossen worden war, änderte ich ihn aus Pietät in: *Die zahnlose Zeit.* Mittlerweile handelte es sich schon längst nicht mehr um *einen* Roman, sondern um einen ganzen Romanzyklus.

Im Dezember 1983 erschienen gleichzeitig der Prolog und der erste Teil dieses Zyklus, *De slag om de Blauwbrug* (*Die Schlacht um die Blaubrücke*) bzw. Vallend*e ouders* (*Fallende Eltern*). Was blieb in diesen Romanen von Albert-Egberts-dem-Autor? Schwärmerische Frauen möchten hartnäckig einen Dichter in ihm sehen, doch wie Pfarrer Gösta Berling aus Selma Lagerlöfs gleichnamigem Roman hat er alles von einem Dichter, freilich ohne je ein einziges Gedicht zu Papier zu bringen. Wenn ich ein Gedicht zu schreiben versuche, meint Albert, so finden sich hölzerne, holprige Prosasätze in einer Reihe untereinander; wenn ich Prosa schreiben will, so befinde ich mich innerhalb kürzester Zeit in der Höhle der Poesie. Mit Albert Egberts' Schreiberei wird es also nichts.

Falls ein literarischer Stil die Antithese des anderen sein kann, dann stellt *Die zahnlose Zeit* eine Synthese des Egbertschen und des Canaponi-Stils dar. Wenn wir diesen Prozeß hegelianisch sehen, so müssen in dieser Synthese beide Stile nicht nur – miteinander verschmolzen – vorhanden sein, sondern auch auf einer höheren Ebene aufgehoben werden, so daß ein völlig neuer Stil entsteht, in dem die alten Stilmittel gerade noch erkennbar sind. Ob es tatsächlich nach dem alchimistischen Zauberbuch des alten Georg Wilhelm Friedrich vonstatten gegangen ist, überlasse ich anderen zu beurteilen. Als ich mir dieser Synthese bewußt wurde, ging es mir um etwas anderes. Wenn der eine meiner beiden erfundenen Schriftsteller, Albert Egberts, letzten Endes zur Figur in einem Roman aufgestiegen war, der noch immer die Spuren seiner Schreiberhand trug, wo war dann der andere Autor, der stilistisch doch genausoviel zu diesem Roman beigetragen hatte?

Auf eine Begegnung zwischen Albert Egberts und Patrizio Canaponi als Romanfiguren in *Die zahnlose Zeit* haben wir bis zum Frühsommer 1996 warten müssen, als die beiden Romane, die zusammen den dritten Teil des Zyklus darstellen, erschienen: *Het Hof van Barmhartigheid* (*Der Gerichtshof der Barmherzigkeit*) und *Onder het plaveisel het moeras (Unterm Pflaster der Sumpf)*. Kurz nach seinem Umzug nach Amsterdam lernt Albert in einem Studentenwohnheim Patrick Gossaert kennen, der unter dem Pseudonym Patrizio Canaponi bereits einige Erzählungen publiziert hat. Patrick ist mit einer goldenen Feder begnadet, aber es fehlt ihm an Stoff. Er hat, wie er sagt, ein leeres Leben geführt, ohne Ereignisse, an denen er sich stilistisch austoben könnte. Albert dagegen ist ein einziges großes Arsenal an Erfahrungen, Anekdoten, Geschichten. Nach ihrer ersten Begegnung macht Patrick-Patrizio es sich zur Gewohnheit, bei Albert das Material für seine Novellen zusammenzubetteln. Er passiert Alberts unpolierte Geschichten durch ein goldenes Sieb, belegt sie mit Blattgold und Sterlingsilber. So weiß der Leser nun, daß die Gondel, die Canaponi in der Herengracht erschienen war, ursprünglich ein wrackes Ruderboot war, das der sechsjährige Albert Egberts auf der Kostverlorenvaart im ärmlichen »Staatslieden«-Viertel Amsterdams gesehen hatte.

Für die Dienste eines Ghostwriters muß in der Regel kräftig gezahlt werden. In Alberts an Paradoxen so reichem Leben wundert es schon niemanden mehr, daß er von seinem Ghostwriter Geld für gelieferte literarische Halbfabrikate verlangt – um Heroin zur Linderung seiner Sucht kaufen zu können. Wie lange wird diese Vernunftehe zwischen Stoff und Stil noch aufrechtzuerhalten sein?

Aus *Der Anwalt der Hähne* (*Die zahnlose Zeit* Band 4), 1995 in deutscher Übersetzung erschienen, wissen wir, daß Albert Egberts im Gefängnis von seiner Heroinsucht erlöst wird und Theaterstücke zu schreiben beginnt – die Alternative zu seinen gescheiterten Poesie- und Prosaversuchen. Patrick Gossaert alias Patrizio Canaponi kommt in *Der Anwalt der Hähne* nicht vor, doch die Vermutung scheint berechtigt, daß Albert, mittlerweile ein produktiver Dramaturg, nicht länger geneigt ist, seinen »Ghostwriter« mit Material zu versorgen. Ob Patrizio Canaponi damit für den weiteren Verlauf des Zyklus *Die zahnlose Zeit* zum Schweigen verurteilt bleibt, läßt sich nicht sagen. Am Ende von *Unterm Pflaster der Sumpf* steht er am Grab eines bewunderten Kollegen, dem er schwört, nie mehr »unverbindliche« Literatur zu produzieren. Wie das? Ein Canaponi, der seinem Lieferanten Egberts den Rücken kehrt, das Blattgold in seiner Brieftasche läßt und die Ideen fortan aus seinem eigenen leeren Leben schöpft? Band 5 wird es zeigen. Mir ist der Autor Patrizio Canaponi lieb genug, um insgeheim zu hoffen, der jüngste von ihm geschriebene Satz – »Ich atme ein letztes Mal ein« – möge sich als prophetisch erweisen. Solange dieser Atem noch nicht wieder ausgeströmt ist, können weiter Geschichten mit ihm ausfließen.

Amsterdam, 29. November 1996

A. F. Th. van der Heijden

Berichte aus der Werkstatt

A. F. Th. an Jan D.

Geldrop, die Hundstage von '72

Jan!

[...]

Herzlichen Glückwunsch! Eine Fee hat mir das Ergebnis Deiner Zwischenprüfung ins Ohr geflüstert.

Eigentlich müßte ich gemeinsam mit Dir gegen die Sonne kämpfen, in Nimwegen, jetzt. & Durstlöschen. Aber die Zeit, als man noch Wasser aus den Felsen schlagen konnte, als es Manna vom Himmel regnete, als die gebratenen Vögel in den Mund flogen, ist endgültig vorbei! Diese Paradiese öffnen sich nur auf den Klang von knallhartem Silber hin. Daher hänge ich in meinem Elternhaus herum, das mehr Annehmlichkeiten zu bieten hat als meine kleine Unterwelt dort, wo es im Augenblick nur Kühle zu kosten gäbe.

Das einzige Talent, mit dem der Schöpfer mich bedacht hat, habe ich leider nicht unter die Erde geschafft. Ich meine, daß ich hinten in unserem kleinen Garten an KERMIS IN DE HEL (»Regen bei Sonnenschein«) weiterschreibe, eine Krankheit, von der ich früher oder später zu genesen hoffe. Meine Beine stecken unter dem dazu bestimmten Tisch; mein linker Arm liegt im Schatten meiner Mähne, die über das Papier hängt. Nur mein schreibender rechter Arm liegt offen & bloß da und wird rot, rotbraun, rostbraun & danach dunkelbraun in der stechenden Sonne. Die Haut brennt schmerzhaft & wird in Kürze schwarzverbrannt sein; der Arm wird verkohlen & vielleicht abfallen. Wenn Du bei v. Dekker & de Vegt* mal ein Taschenbuch unter der Überschrift findest:

»Mit dem Mund geschrieben von A. v. d. H.«, dann weißt Du, wie stark meine Krankheit geworden ist.

[...]

Adri

* Sic. Muß heißen: Dekker van de Vegt.

Patrizio Canaponi an die Redaktion von *De Revisor*

Agrigento (Sicilia), lunedi 19 dicembre '77

Werte Redaktion!

Amsterdamer Freunde, die etwas von meinem Werk gelesen haben, haben mir geraten, Kontakt mit *De Revisor* aufzunehmen. Sie haben Übereinstimmungen gesehen. Vielleicht haben sie sie *gerochen*. Natürlich habe ich daraufhin sofort einen ganzen Jahrgang dieser schön aufgemachten Zeitschrift durchgesehen, und ... ach, ich weiß nicht: Andere scheinen das immer viel & viel besser erkennen zu können als man selbst. Aber ich *muß* sagen, ich war nicht wenig beeindruckt von dem, was ich da vor mir sah. Und um nun den guten Rat meiner Freunde nicht in den Wind zu schlagen, biete ich Ihnen gleich die vorläufige Fassung der ersten 2 Kapitel meines Romans *»&« of Knapensluimer* (»›&‹ oder Knabenschlummer«) zur Veröffentlichung an. Der Roman ist noch unvollendet: Die ersten sechs Kapitel (ca. 1/3) liegen in definitiver Fassung vor; der Rest ist noch in Arbeit. (Wenn ich sage, daß die angebotene Fassung eine »vorläufige« ist, dann meine ich damit, daß sich *rückwirkend* noch das eine oder andere daran ändern kann, wenn z. B. in einem späteren Kapitel etwas auftaucht, das in einem früheren Kapitel bereits hätte angekündigt werden müssen. Kommt schon mal vor.)

»&« of Knapensluimer. – Bis auf eine unveröffentlichte

Novelle (*Bejaardentehuis op het Dak van de Wereld*; »Altersheim auf dem Dach der Welt«), die ich vor etwa 6 Jahren schrieb, ist dies mein erster ernsthafter Versuch, etwas von größerem Format in niederländischer Sprache zu schreiben.

Bisher habe ich nur ein paar Kurzgeschichten in einigen dubiosen italienischen Blättern publiziert. Meine jüngste Erzählung auf italienisch (*Bruno Tirlantino o le nozze della principessa*) wollten sie in Rom nicht aufnehmen, weil angeblich »zuviel Englisch« drinstand. Nun ist inzwischen zur Genüge bekannt, daß für den Italiener *jedes* Wort Englisch »zuviel« ist. (Studenten idem dito: Jedes vernünftige Handbuch, das in Englisch verfaßt ist, wird hier ohn' Überdruß übersetzt und das von Leuten, für die auch wieder jedes Wort Englisch »zuviel« ist. Momentan ist die Situation hier so, daß man sich nicht einmal mehr ordentlich behandeln lassen kann – weil es hier dermaßen von Ärzten wimmelt, die auf der Grundlage falsch übersetzter Texte studiert haben. Ich reise manchmal den ganzen Weg bis nach Amsterdam, um einen Arzt wegen einer Kleinigkeit zu konsultieren – oder um mir ein kleines Loch plombieren zu lassen. Verkorkst, da verwöhnt. Sie haben Heimweh nach ihrem Analphabetentum, vermute ich.) Na gut – *Bruno Tirlantino*: Ich habe es für Sie der Kuriosität halber ins Niederländische übersetzt (das Italienische, meine ich – *nicht* das Englische; trotzdem eine Scheißarbeit: mach ich nie wieder). Auch diese Erzählung biete ich Ihnen in dieser Form zur Veröffentlichung an. Das Resultat gefällt mir.

Ich habe entdeckt, daß ich Niederländisch als Schreibsprache doch dem Italienischen vorziehe. Obwohl ich lange dafür geschwärmt habe, ist mir Italienisch doch zu glatt – Niederländisch ist spröder: es »greift« besser. Außerdem glaube ich, daß es tiefer in mir sitzt. Ich habe den größten und wichtigsten Teil meiner Jugend in Holland verbracht (Amsterdam, Brabant, Amsterdam): von meinem dritten bis zu meinem sechzehnten Lebensjahr. Geboren bin ich auf der Fähre von Messina nach Genua (– auf der Höhe von Civitavecchia, wenn ich meiner Mutter glauben darf. Registr. Genua, 1946. Später nied. Paß.) – von einer italienischen Mutter (Antonella Canaponi) und einem holländischen Vater (†; kaum gekannt; in jenen Nachkriegsmonaten fahnenflüchtig durch Europa ziehend).

Beurteilen Sie mein Werk trotzdem als das eines holländischen Autors. Seit fünf, sechs Jahren verbringe ich meine Zeit abwechselnd in Italien und den Niederlanden – je nach den Klimaveränderungen (meteorologisch wie politisch). Und wenn Sie jetzt zur Vervollständigung der biographischen Angaben fragen, womit ich bisher meinen Unterhalt verdient habe, dann muß ich sagen: eigentlich mit *nichts* – ein kleines Familienkapital verjuxt, und sonst noch ein paar dunkle Praktiken, die ja doch keinen Menschen interessieren werden (oder vielleicht den einen oder anderen *zuviel*!).

Die Manuskripte schicke ich nach Ischia (Ischia Porto auf der Insel Ischia bei Neapel), wo ein Bekannter sie möglichst schnell für mich abtippen und weiterleiten wird. Wegen des schwerfälligen Postbetriebs hier (zumal in der Festwoche und darum herum) werde ich die definitiven, getippten Fassungen nicht mehr zu Gesicht bekommen. Für evtl. Tippfehler kann ich daher nicht geradestehen. Aber es müßte schon sehr dumm laufen, wenn Sie aus dem zugesandten Material nicht wenigstens einen allgemeinen Eindruck von meiner Prosa gewinnen könnten.

[...]

Sollten Sie Kontakt mit mir aufnehmen wollen (oder die Manuskripte zurücksenden: Briefmarken werden vereinbarungsgemäß in Ischia beigelegt) – das geht *nicht* in Italien. Ich habe hier momentan keine feste Adresse – und außerdem kann man sich hier nicht auf die Post verlassen (genausowenig wie auf die Bahn und die Leute selbst). Aber im Laufe des Februars '78 komme ich wieder nach Amsterdam. (Für mindestens 2 Monate.)

[...]
Ich rechne mit einer fairen, aufmerksamen Lektüre.
Mit freundlichen Grüßen,
Patrizio Canaponi

drs. A. Egberts an Redaktion von »De Revisor«

Ischia Porto, 18-1-78

Sehr geehrte Redaktion,
anbei sende ich Ihnen auf Bitte von P. Canaponi zwei Manuskripte, die ich für ihn ins Reine getippt habe. Einige Anmerkungen:

Ich habe mich so strikt wie möglich an die von ihm verwendete Schreibweise gehalten (z.B. an den konsequenten Gebrauch von c, wo die meisten heutzutage ein k schreiben). Ich habe auch seine Interpunktion so exakt wie möglich übernommen (selbst da, wo sie mir überflüssig erschien).

Für die Überschrift des ersten Kapitels wurde im Original ein Kreuz der Art verwendet, mit der man für gewöhnlich jemandes Sterbedatum angibt. (Wie auch alle weiteren Kapitel seines Romans, der hier zum Abtippen vor mir liegt, alle ein »Zeichen« als Kapitelüberschrift führen.) Da es dieses Kreuz auf der Schreibmaschine nicht gibt, habe ich dafür das sog. Pluszeichen verwendet (+).

Die Versandkosten lassen sich schwer umrechnen (die italienische Post hat andere Tarife), aber der Betrag an niederländischem Porto, den beizulegen ich versprochen habe (*f* 3,50), erscheint mir ausreichend für Korrespondenz und/oder das Nettogewicht der Manuskripte + die Verpackung bei evtl. Rücksendung. Letzteres soll übrigens an die postlagernde Adresse von Canaponi in Amsterdam erfolgen, die ich als Absender auf dem Umschlag angeben werde.

Zumindest eine der Einsendungen verdient m. E. veröffentlicht zu werden!

M. fr. Gr.

drs. A. Egberts

A. F. Th. an Mirjam Rotenstreich

Scilla, 28/3/'80
(venerdi)

Meine liebe Mirjam,

[...]

Ich bin jetzt soweit, daß ich 24 Stunden am Tag mit dem *Scharen*-Buch (»Scheren«) zugange bin. Ich stehe damit auf und gehe damit zu Bett. Die Zahl der Stunden, die ich an meinem Schreibtisch verbringe, ist nicht besonders groß. Aber das Wichtigste ist, daß ich, während ich durch das Zimmer tigere und am Strand entlangspaziere, damit beschäftigt bin. Ich diktiere mir selbst ganze Passagen, die ich, wieder zu Hause, schnell zu Papier bringe. Das Angenehme ist, daß ich mich momentan auch mit nichts anderem zu beschäftigen *brauche*. Alle materiellen Widrigkeiten (abgesehen vom Reisen) werden mir abgenommen.

Trotzdem kann ich nicht sagen, daß ich schnell vorankomme. Sobald ich mich zum Schreiben hinsetze, geht die Geschichte ihren eigenen Gang. Sie führt mich in Gegenden, an die ich nicht einmal gedacht hatte. *Scharen* wird jedenfalls ein ganz anderes Buch, als ich »konzipiert« zu haben glaubte.

Ich bin gespannt, was Du momentan tagsüber so alles machst. Du kannst mir schreiben, aber es wird wohl noch etwas dauern, bis ich nach Neapel fahre.

Lauter Liebes,

Adri

A. F. Th. an Mirjam Rotenstreich

Positano, 20 aprile 1980
(Domenica; la sera)

Meine liebe Mirjam,
[...]

Während des Schreibens ist mein Roman in zwei »Bücher« zerfallen. »Buch Eins« besteht aus zwei »Teilen«; »Buch Zwei« aus drei »Teilen«. Da der vollständige Roman sehr umfangreich wird (500 bis 600 Seiten), überlege ich mir gerade, ob ich diese beiden »Bücher« auch tatsächlich als 2 getrennte Bücher veröffentliche. Sie hätten dann jeweils einen Umfang von knapp 300 Seiten – wobei das zweite Buch ein klein wenig dicker wäre als das erste.

Dieser Stand der Dinge veranlaßt mich zu einer Menge Getüftel und Gegrübel und Hin- und Herüberlegerei. Wie soll ich Querido die Sache darlegen, zum Beispiel? Ich höre schon ihre Bedenken: kommerziell weniger attraktiv etc. ...

Ich selbst bin nicht unzufrieden mit der spontanen Aufspaltung in zwei »Bücher«. Anfangs fiel der Roman in fünf »Teile« auseinander: die Teile Eins, Drei und Fünf behandeln die Gegenwart und jüngere Vergangenheit des Protagonisten; Teil Zwei bzw. Vier seine früheste und spätere Kindheit und Jugend. Beim Schreiben begannen die Teile auf eigene Faust zwei Gruppen zu bilden, eine zu zwei und eine zu drei »Teilen«. So sind die beiden »Bücher« entstanden. Am liebsten würde ich sie mit einem halben Jahr Abstand veröffentlichen: Buch Eins im Frühjahr '81, Buch Zwei im Herbst '81. Allerdings will ich dann noch vor dem Erscheinen des ersten auch das zweite fertig haben, so daß ich mich, wenn ich letzte Hand an das zweite Buch lege, nicht von der Kritik zum ersten beeinflussen lassen kann.

Liebe Mirjam – rechne lieber damit, daß ich die zwei Monate, die auf meiner Fahrkarte stehen, bis zum Ende ausnutze. Mitte Mai, spätestens am 18., komme ich also zurück. Am liebsten würde ich dann sofort – *mit Dir* – wieder losfahren, aber ich habe noch einen Zahnarzttermin am 5. Juni. Vielleicht kann ich ihn absagen. D.h.: verschieben.

Ein Vorteil, wenn wir schon im Mai fahren, ist, daß es dann noch »bassa stagione« (Vorsaison) ist, was man an der Hotelrechnung merkt. Es ist sowieso angenehm, der Touristenflut zu entgehen.

Das Wissen, daß Du ziemlich radikal an Deiner »Linie arbeitest«, löst bei mir eine hartnäckige idée fixe aus: Du bist ätherischer geworden, ungreifbarer etc. Eine andere. Obwohl, nehme ich an, die Veränderung doch auch wieder nicht so radikal sein wird. Das kommt, weil ich Dich seitdem nicht mehr gesehen habe. Auch meine Träume nachts kreieren eine immer wieder andere Mirjam. Das Leben wird auf diese Weise nicht einfacher.

Doch in welcher Gestalt auch immer, ich vermisse sie sehr, meine Mirjam.

[...]

Lauter Liebes,

A.

P.S. – Ich habe erst heute morgen in der Zeitung gelesen, daß Sartre tot ist.

A. F. Th. an den Vorstand der Stiftung
Fonds voor de Letteren

Amsterdam, 2/1/'81

Betr.: Antrag auf ein Arbeitsstipendium für 1981 (Literatur)

Sehr geehrter Vorstand,
den Pressebericht über die Arbeitsstipendien für 1981 (datiert vom 23. Oktober 1980) erhielt ich erst heute morgen, 2. Januar 1981, von meinem Verlag Querido zugesandt.

Da ich 1981 full-time schriftstellerisch tätig sein werde, möchte ich gern ein solches Stipendium nutzen.

In der Hoffnung, daß mein Antrag Sie noch vor dem 5. Januar erreicht, werfe ich ihn persönlich in Ihren Briefkasten. Ich bitte Sie, mir die erforderlichen Unterlagen zuzusenden, damit ich sie ausfüllen kann. Im voraus herzlichen Dank.

Hochachtungsvoll und mit freundlichem Gruß,
A. F. Th. van der Heijden
(Schriftstellername: Patrizio Canaponi)

[Anlage]
Patrizio Canaponi
(A. F. Th. van der Heijden)

Drei Flüsse* (*Studien in Laschheit, Laxheit und Lahmheit*)

Synopse einer Romantrilogie

Die Dommel *Drei Flüsse 1* (= der Stillstehende)
Die Waal *Drei Flüsse 2* (= der Vorbeifließende)
Die Amstel *Drei Flüsse 3* (= der im Sande Verlaufende)

* Alle genannten Titel sind vorläufige Titel

Exemplar zur Vorlage beim Fonds voor de Letteren

Drei Flüsse
Die vorherrschende Metapher in diesem sehr wörtlich zu nehmenden *roman fleuve* (der nicht unbedingt in drei getrennten Teilen zu erscheinen braucht) ist die des Lebens als Fluß.

Drei aufeinanderfolgende Stadien im Leben der Hauptfigur Albert Egberts entsprechen den drei Flüssen, an denen er nacheinander wohnt: die Dommel (Eindhoven), die Waal (Nimwegen), die Amstel (Amsterdam). – Mutatis mutandis gilt dies auch für seine beiden Freunde Theodoor Schwantje und Felix Mennen, die als Satelliten-Hauptfiguren in der gesamten Trilogie Egberts umkreisen.

Wir verfolgen das Leben von Albert Egberts in a-chronologischer Reihenfolge von seiner Geburt (Königinnentag 1950) bis einige Monate nach seinem dreißigsten Geburtstag (23. Juli 1980).

Wir werden ihn bei seinem verzweifelten, da ironischerweise fast *bewegungslosen* Kampf beobachten, Taten in der Welt zu vollbringen, von sich reden zu machen, seinen Zustand der Untätigkeit aufzuheben ... Er scheitert. Obgleich er der Tat mitunter sehr nahe gekommen ist, scheitert er Mal für Mal. Er sieht, wie die Welt ringsum verkommt, glaubt zu wissen, was er zu tun hat, kann sich jedoch nicht zur Tat aufraffen. Er ist abwechselnd zu lasch, zu lax, zu lahm. Was kann man schon von jemandem erwarten, der sogar vor Mäusen Angst hat?

Egberts' Geschichte ist die eines bis auf den Grund gefrorenen Flusses, der nichts lieber will als fließen, jedoch abhängig ist vom Tauwetter, das einfach nicht einsetzen will.

Wenn ich zumindest diesen »Willen zum Fließen« im Eis sichtbar machen kann, habe ich mein Ziel erreicht.

A. F. Th. an Ary Langbroek,
Verlag Em. Querido

Amsterdam, 24. 1. '83

Lieber Ary,
der erste Teil meiner Romantrilogie, *Fallende Eltern*, ist fertig. »Nicht zum erstenmal«, wirst Du vielleicht sagen. Ich muß auch gleich hinzufügen, daß ich wohl noch bis Mitte Februar mit dem »Feinschliff« beschäftigt sein werde: einige Teile noch mal neu mit der Maschine schreiben; mit spitzer Feder in der Hand das gesamte Manuskript noch einmal kritisch von A bis Z durchlesen etc.

Die Geschichte bricht nach Alberts Umzug im Alter von 3 Jahren in die Gegend ab, die im zweiten Teil der Trilogie das *Gefahrendreieck* heißt. Zu Beginn dieses zweiten Teils sehen wir ihn als Sechsjährigen wieder (die Passage, die in der Februarausgabe von *De Revisor* veröffentlicht wird). Die früh-Nimwegener Jahre (*Gestiefelter Marxismus, Ein gelähmter Liebhaber* etc.) sind ans Ende von *Das Gefahrendreieck* gewandert – oder, besser gesagt: Ich habe sie wieder dort angehängt, wo ich sie zur Bereicherung von *F. Eltern* »ausgeliehen« hatte. Teil 2 hat damit an Volumen, Vielseitigkeit und Selbständigkeit gewonnen und kann jetzt – wie wir mehr oder weniger vereinbart haben – problemlos zwei Monate nach seinem Vorgänger erscheinen.

Teil 1 liegt, auch in seiner jetzigen Form, vom Umfang her noch immer in der Nähe der anfänglich veranschlagten 440 *Buch*seiten. Ich kann's auch nicht ändern – es will offenbar weder dicker noch dünner ausfallen.

Auf dieses »Mitte Februar« (mit evtl. Spielraum bis zum Ende dieses kurzen Monats) darfst Du mich strengstens festlegen – notfalls vertraglich. (»Der Autor verpflichtet sich, das vollständige, satzfertige Manuskript spätestens am 28. Febr. 1983 dem Verlag abzuliefern.«) Warum nicht?

Und dann ist da noch eine Sache, die ich mit von vornherein schwerem Herzen anschneide. Sie betrifft den Sammeltitel meines Romanzyklus – *working-class hero.*

Er stammt vom Sommer 1980, also noch vor dem Mord an John Lennon († November 1980) – auch wenn ich ihn Euch erst ungefähr ein halbes Jahr später unterbreitet habe.

Ich hatte mir den Titel seines Songs – der übrigens einen sehr schwachen Text hat – ausgesucht, weil er, wenngleich in ironischem Sinn, so gut zu dem Gesamtkomplex meiner drei Romane paßte.

Lennons Tod hat eine bestürzende Flut von Büchern, Platten, Filmen, Musicals, Mythen, Zuckertütchen etc. ausgelöst, manchmal schon die reinste Leichenfledderei, die allesamt das verstorbene Idol zum Thema haben. Ich fühle mich in zunehmendem Maße durch meinen Buchtitel belastet, der ja keine Hommage an den auf tragische Weise Umgekommenen sein sollte etc. (Außerdem mag ich Popmusik überhaupt nicht; in meinem Werk wird sie sogar hier und da ordentlich durch den Kakao gezogen.)

Du weißt schon, was jetzt kommt. Ich entschuldige mich tausendmal für mögliche Umstände. Es sieht allmählich so aus, als hätte ich dieses Projekt eigens entwickelt, um Euch zu triezen … Laß mich das mal eben zu Ende führen.

Im Laufe der vergangenen Monate hat sich aus dem Werk selbst ein neuer Titel ergeben, den ich aus praktischen Überlegungen heraus immer wieder zurückgedrängt habe (»Der Umschlag war bereits fertig« etc.), den ich Euch jetzt aber doch zu unterbreiten wage. Es geht um den *Sammel*titel, damit Du mich richtig verstehst. Ich schreib ihn gleich mal in groß, in meiner schönsten Schrift. (Danach werde ich meinen Vorschlag begründen.)

DIE ZAHNLOSE ZEIT

(Gebe Gott, daß Jan Kuijper diesen Titel nicht als bereits existierend beanstandet!)

Wenn man weiß, daß mein Buch zum größten Teil in den siebziger Jahren dieses Jahrhunderts spielt (Enddatum 23. Juli 1980), eine Periode, die man auch als »die große Mattigkeit« bezeichnet hat, wird man mit meiner Charakteristik einer »zahnlosen Zeit« im allgemeinen kein Problem haben.

Aber ein Titel weist natürlich immer auf mehr hin ...

[...]

Nochmals: Es ist kein »an den Haaren herbeigezogener« Titel, sondern einer, den das Werk selbst erzwungen hat. Er scheint mir überdies besser zu klingen als das entliehene *W.-Cl. Hero*. Leg's mal nebeneinander: *Die zahnlose Zeit 1: Fallende Eltern ...*

Daß Du bereits einen wunderbaren Umschlag entworfen hast und es bereits einen Blindband gibt, flößt mir, meinen Änderungsvorschlag in der Hand, große Schuldgefühle ein. Trotzdem bitte ich Dich in aller Demut, den neu vorgeschlagenen Sammeltitel gegen den alten abzuwägen, ohne praktische Bedenken ins Gewicht fallen zu lassen. Vielleicht wirst Du entdecken, daß er Gold wert ist.

In dem kurzen Zeitraum, den ich mir selbst noch gönne, um letzte Hand an *Fallende Eltern* zu legen, möchte ich möglichst viel tun. Ob Du mich nun für verrückt erklärst oder nicht – ich sitze von halb zehn Uhr morgens bis elf Uhr abends in meiner Arbeitszelle in der Havenstraat. (Und nicht einmal widerwillig.) Ich bitte Dich daher auch, es mir nicht übelzunehmen, wenn ich am Freitag nicht auf Eurem Neujahrsempfang erscheine.* Bei der Reisestipendienverlosung, das heißt: nach der Abgabe des Manuskripts von Teil 2, werde ich gern, sehr gern wieder mit von der Partie sein.

Meine besten Wünsche für 1983 gelten natürlich jedem von Euch.

Die zahnlose Zeit – denk mal drüber nach. Überleg es Dir eine Weile und laß mich nicht gleich postwendend wissen, daß Du nichts davon hältst.
Herzliche Grüße,
Adri

* Es geht mir nicht um diesen einen Nachmittag oder Abend – aber so ein Stein im Teich meines Gleichmaßes bewirkt tagelange Unruhe. Deswegen.

A. F. Th. an Jan Brands

Amsterdam, 10. XII. '84

Lieber Jan Brands,
herzlichen Dank für Deine ermutigende Briefkarte vom 6. Dez. (noch an meine alte Adresse). Nein, die Verzögerung von *Das Gefahrendreieck* hat weder etwas mit herstellungstechnischen noch mit schöpferischen Problemen zu tun, sondern mit so etwas wie einem sehr belastenden Umzug und nachfolgendem Umbau. Während ich dabei war, letzte Hand an den Roman zu legen, konnte ich plötzlich ein halbes Grachtenhaus inklusive Arbeitsraum bekommen. Zu schön, um mir das zugunsten des geplanten Erscheinungstermins entgehen zu lassen. Daraus ergab sich allerdings, daß ich 2 ½ Monate Bauarbeiter spielen mußte, anstatt zu schreiben. Nun, das Resultat ist entsprechend: ein 9 × 5 m großes Souterrain, in dem Platz ist für acht Schreibtische. Die Maschine läuft wieder auf vollen Touren, und diese 2 ½ Mon. hole ich im nächsten Halbjahr leicht auf. Ich arbeite jetzt synchron an *Gefahrendreieck* und *Schneenacht im September*.

Ich hoffe, Du willst meinen zweiten Teil auch trotz der Verzögerung lesen, demnächst, zu Beginn des Frühjahrs.

Freundlicher Gruß,
Adri van der Heijden

A.F.Th. an seinen Steuerberater, Herrn M.

A'dam, 23.7.'85

Sehr geehrter Herr M.,
wissen Sie (siehe Anlage), was der Inspektor von mir will?

Ich bin bis 18. Aug. in Urlaub. Danach nehme ich Kontakt mit Ihnen auf wegen des Einspruchs. Meine Mappe (1982) habe ich noch immer nicht erhalten.

Fr. Gr.,
A.v.d. Heijden,
Amsterdam

[Anlage]
Am 14. November 1984 brachte ich dem Inspektor, Herrn B., meinen Ordner mit Unterlagen (Kostenaufstellungen, Rechnungen u.ä.) zu meinen Einkünften und Werbungskosten für das Jahr 1982. Er hatte diese Mappe angefordert, und ich habe ihm die Dokumente in gutem Vertrauen überlassen. Der Inspektor versprach, mir das Paket »im Laufe der nächsten Wochen« mit der Post wieder zukommen zu lassen.

Bei dieser Gelegenheit habe ich Herrn B. erklärt, daß 1982 ein im Hinblick auf meine Einkünfte mageres Jahr war, was die Kreativität betrifft dagegen ein sehr fruchtbares: Ich hatte ununterbrochen (auch an den Wochenenden) – so teilte ich ihm mit – an dem Romanzyklus *Die zahnlose Zeit* gearbeitet, der im Laufe des Jahres '83 Geld einbringen würde. Ich gab diese Erläuterung, weil der Inspektor suggeriert hatte, ich müsse angesichts meines geringen Einkommens 1982 »von Luft und Liebe gelebt« haben.

Am 3. Dezember 1984 führte ich mit Herrn B. ein Telefongespräch, dessen wichtigste Punkte ich hier wiedergebe.

[...]

INSP. Dann noch diese sogenannten Lehrbücher ... Hier steht zum Beispiel Schopenhauer. Gut, Schopenhauer ist ein Philosoph, das wissen wir alle. Aber was hat das mit Ihrer Arbeit zu tun?

V. D. H. Aber, Herr B., hier muß ich Sie doch ernsthaft korrigieren! Ohne die Ästhetik von Schopenhauer wäre ich nie der Schriftsteller geworden, der ich jetzt bin. Ich habe seine Ästhetik während meines Philosophiestudiums kennengelernt, und seitdem ist er meine Leitfigur. Ich brauche seine Werke, um meine damit zu speisen.

INSP. Ja, ja ... Und dann sehe ich hier auch Rechnungen für Romane. Brauchen Sie Romane von anderen für Ihre Arbeit?

V. D. H. Hören Sie mal, Herr B. Der Beruf des Schriftstellers kennt keine Schule, keine Akademie, keine Ausbildung mit Dozenten. Jemand, der Schriftsteller werden will, muß sich das Metier selbst beibringen. Ein Lernprozeß, der sich über die gesamte Laufbahn erstreckt. Das einzige, woran man sich orientieren kann, sind die Werke großer Vorgänger. Die großen Romane von Proust, von Joyce, von Kafka (und anderen) lese ich nicht, ich *studiere und analysiere sie*, um aus ihnen zu lernen, genauso wie Rembrandts Schüler von ihrem Meister lernten. Ohne solche Lehrstunden kann ich überhaupt keine Bücher schreiben. Das gilt für jeden Autor.

Außerdem, was die neueren Romane, die meiner schreibenden Generationsgenossen, betrifft ... ich bin dabei, ein Buch (*De grote Klok*; »Die große Glocke«) über die Entwicklung der niederländischen Literatur in den letzten zehn, fünfzehn Jahren zu schreiben. Auch diese Romane lese ich, um mein Buch schreiben zu können. Es geht nicht anders, ich muß sie als Werbungskosten verbuchen.

INSP. (Bleibt, wie es sich anhört, skeptisch gegenüber allem, was ich sage.) Dann sehe ich hier bei Schreibmaterialien einen Posten von 398 Gulden ...

V. D. H. Das ist die Ausgabe für einen soliden Füller: die Fabrik im Taschenformat, wissen Sie, mit der ich mein Brot verdienen muß. Anstatt alle zwei Monate einen Füller zum Preis von zwanzig Gulden wegwerfen zu müssen, habe ich gleich einen sehr guten gekauft, der Jahre hält. Ich finde es ziemlich erniedrigend, daß ich eine derartige lebensnotwendige Anschaffung Ihnen gegenüber verteidigen muß ...

INSP. (macht einen Rückzieher) Nein, nein. Aber ich konnte es nicht richtig lesen ... Dann diese Reise nach Italien. Inwiefern hat die etwas mit Ihrer Arbeit zu tun?

[...]

A. F. Th. an Ary Langbroek,
Verlag Em. Querido

Aix-en-Provence, 18. Juni 1987

Lieber Ary,
zum Umschlag:

Meester Quispel, Anwalt, Hauptfigur in *Anwalt der Hähne*, wird ungefähr einmal im Jahr von einer Periode alkoholischer Euphorie überfallen, die nie länger als 3 Wochen anhält. Tage zuvor gibt es kleine Anzeichen, die für den, der sie zu deuten weiß, eine solche Euphorie ankündigen, jedes Jahr wieder andere.

Die Periode der Dipsomanie, die sich mehr oder weniger mit der Handlung des Buchs deckt, kündigt sich durch Quispels plötzliches, ebenso ungewohntes wie gieriges Interesse an italienischen Krawatten an. Er ertappt sich buchstäblich dabei, wie er – gleichsam aus den Augenwinkeln heraus – nach diesen seidig schimmernden, grellgestreiften Zierkleidungsstücken schielt, die in Form farbenfroher Bukette in den Schaufenstern der P. C. Hooftstraat (und anderswo) ausliegen.

Behalt diese Krawatten bitte eben mal im Gedächtnis, Ary.

Es läßt sich schwer ausmachen, ob Quispels alljährliche Euphorie durch große Mengen »neutralen« Wodka ausgelöst wird oder ob der »neutrale« Wodka die Euphorie lediglich verstärkt –, aber wie dem auch sei, er ist in diesen Wochen ein so völlig (nicht wiederzuerkennend) anderer Mensch, daß er im Laufe der Jahre die Neigung entwickelt hat, »seine« Euphorie *als Kunstwerk* zu gestalten, aufzubauen, komplett mit Vorspiel, Apotheose, Nachspiel etc.

Er hamstert italienische Krawatten.

Im Roman ist die grellfarbene schräggestreifte Seidenkrawatte nicht nur das Symbol für Quispels exzessives Fest, sondern auch für seinen Fall, seinen Niedergang, seinen Selbstmord als Anwalt. Einigermaßen banal ausgedrückt: Indem er sich der Euphorie hingibt, »steckt er seinen Kopf in die Schlinge«.

Bekanntlich wird Quispel gegen Ende seines »Zyklus«, als die Verlotterung bereits eingesetzt hat, in einer Polizeizelle, in der man ihn u. a. wegen allzu augenfälliger Trunkenheit eingesperrt hat, Zeuge, wie ein ebenfalls Festgenommener unter unsauberen Umständen zu Tode kommt.

In den auf diesen Tod folgenden Fall wird Quispel (im übrigen nicht zufällig) als Anwalt hineingezogen.

Die Euphorie hat sich ausgetobt. Meester Quispel verschweigt aus Angst, seiner Karriere zu schaden, seinen Gewahrsam im Polizeipräsidium – *und damit seine Zeugenaussage*, die den Fall einer Lösung zuführen könnte.

Als er schließlich (siehe Vorschautext) *gezwungen* wird, seine Aussage doch noch, rund ein Jahr nach Eröffnung des Falls, auf den Tisch zu legen, hat er sich als Anwalt bereits so unglaubhaft gemacht, daß er seine Karriere wohl vergessen kann.

Jedes Kind weiß, daß ein Festgenommener, bevor er eingeschlossen wird, gegen eventuelle Selbstmordneigungen seine Schnürsenkel, seinen Hosengürtel und seine Krawatte abgeben muß.

So sieht auch Quispel seine (letzte) italienische Krawatte in einem grauen Umschlag verschwinden.

Diese Krawatte, die Beginn und Ende von Quispels euphorischer Periode angibt, beschreibt gleichsam, wie ein Uhrzeiger, eine Bahn von 180°. Erst stolz und locker herabhängend, später festgezurrt um einen Hals, mit der Spitze nach oben (letzteres hier natürlich nicht wörtlich zu nehmen).

Einen Umschlag für *Anwalt der Hähne* stelle ich mir folgendermaßen vor (und Ihr müßt eben entscheiden, ob er taugt und machbar ist):

Großaufnahme einer gestreiften Krawatte in den Farben eines »gemeinen« Hahns (rosarot, rostbraun, schwarz zum Beispiel), wie ein Galgenstrick in einer [Polizei-]Zelle herabhängend. Die Art des Raums könnte mit einfachen Mitteln angedeutet werden. (Fragment einer Tür oder eines Fensters z.B.)

Die Krawatte sehe ich fast fotografisch-realistisch gezeichnet vor mir, inklusive des eingenähten Etiketts.

Die Suggestion eines Galgens könnte dadurch verstärkt werden, daß man die Krawatte einen Schatten auf die dahinterliegende Mauer werfen läßt, der noch ausgeprägter die Form einer klassischen Schlinge hat.

(Natürlich ist dies alles nicht frei von gesunder Effekthascherei. Aber für einen Umschlag gelten, dachte ich, andere Gesetze als für den Inhalt eines Romans. – Ich würde es sehr begrüßen, wenn *Anwalt der Hähne* tatsächlich einen illustrierten Umschlag bekäme. Obwohl es sich hier um einen literarischen Roman handelt, hat das Buch teilweise die Form eines »Kriminalromans« mit sich steigernder Spannung; und eine derartige Geschichte schreit m.E. nach einem suggestiv einstimmenden Bild. – Außerdem haben mit Ausnahme von *Die Drehtür* alle meine Bücher bisher einen graphischen Umschlag bekommen. Sehr schön, daran gibt's nichts zu deuteln, – aber jetzt würde ich gern mit etwas Unerwartetem kommen.)

Aber tja, welcher Zeichner oder Maler würde einen solchen bis in alle Details vorgekauten Auftrag annehmen? Mit einem *Foto* wäre ich, glaube ich, nicht so glücklich: Ich sehe dann die billige, alles Geheimnisvolle totschlagende Polaroidschärfe der »Crime de la Crime«-Umschläge vor mir. Ein *bearbeitetes* Foto – körnig, verschwommen, einer realistischen Zeichnung gleichend – wäre etwas anderes.

Sollte diese Krawatte-in-den-Farben-eines-Hahns realisiert werden, was wäre dann eine gute Hintergrundfarbe? Ich habe an dieses ganz sanfte Pastellgrün gedacht, das – weil es »augenschonend« wirkt! – auf Zellenwände gestrichen wird ... Grün mit einem Maximum an Weiß.

Und dann die Schriftgestaltung – Meester Quispels Fall wird von der Presse genauestens verfolgt, er füllt die Titelseiten, und im Laufe der Geschichte wird regelmäßig aus der Zeitung zitiert. Rechtfertigt das nicht einen

Titel in fetten Schlagzeilenlettern und darüber in kleineren fetten Buchstaben den Autorennamen, sozusagen als »Unter«schlagzeile?

Die Abbildung als körniges Zeitungsfoto *unter* dieser Schlagzeile, das ginge auch noch. (Auch wenn das zweifellos schon häufiger verwendet wurde.)

Was die weitere Ausstattung des Buchs betrifft, würde ich für eine gewisse »Streckung« (so nennt Ihr das doch?) plädieren. Große Buchstaben, relativ kleiner Satzspiegel, festes Papier. Ich hätte gern, daß der Leser eine Empfindung maximaler Lesegeschwindigkeit bekommt (diese Empfindung ergibt sich natürlich zunächst und vor allem aus dem Text, aber ich würde gern noch eins draufsetzen).

Ausgehend von einer solchen Streckung, komme ich – sehr vorsichtig geschätzt – auf rund 250 Seiten. Aber ich meine, wir haben telefonisch bereits vereinbart, daß Du mich vorläufig nicht auf diese Schätzung festnagelst. Bedeutet das, daß Du den Preis in der Ankündigung vorläufig offenläßt oder mit »Steht noch nicht fest« angibst?

Wie wir am Beispiel von *Das Gefahrendreieck* und *De Sandwich* (»Das Sandwich«) zur Genüge gesehen haben, gibt es, denke ich, ein Publikum für die gebundenen Ausgaben meiner Romane. *Anwalt der Hähne* auch gebunden?

Bei *De Sandwich* kam ich etwas spät mit meiner Bitte nach Fadenheftung für die broschierte Ausgabe. Darf ich für *Anwalt ...* vorsorglich schon mal Zwirn sowohl für die gebundene Ausgabe als auch für die broschierte reservieren?

Dann eine heikle Sache. – Anhand der kurzen Zusammenfassung, wie sie im Vorschautext und in diesem Brief stückweise und unvollständig schriftlich fixiert ist, hast Du vielleicht – beiläufig – an die Affäre Hans Kok denken müssen, den Jugendlichen, der nach seiner Festnahme im Oktober '85 in einer Polizeizelle starb – wie sich später herausstellte, an der Kombination von Lungenentzündung und zuviel Methadon.

Dieser »Tod eines festgenommenen Jugendlichen in einer Polizeizelle« ist genaugenommen die einzige historische Übereinstimmung mit dem Fall Kok. Ferner hat lediglich der »Vertuschungs«-Mechanismus (das Sich-Durchlavieren und die Winkelzüge der Behörden bis hin zum Justizministerium), der durch Koks Tod in Gang gesetzt wurde, als Modell für Praktiken gedient, die in *Anwalt der Hähne* v.a. von Quispel aufgedeckt werden. Und auch hier ist die Übereinstimmung nicht historisch, nicht faktengebunden.

Und doch wird, allein schon aufgrund solch vager Reminiszenzen, in keiner einzigen Besprechung des Buchs der Name Hans Kok fehlen. So sind sie. Sei's drum. – Aber laß uns um Himmels willen alles tun, um zu verhindern, daß *jetzt* schon in solchen Quasi-Klatschspalten wie denen von Diny Schouten und ihrem Stellvertreterchen Rudie Kagie Berichte erscheinen, wonach »A. F. Th. van der Heijden einen Roman über den Fall Hans Kok geschrieben hat«.

Um Dir ein Beispiel zu geben: Historisch hat der Fall Kok genausoviel mit *Anwalt der Hähne* zu tun wie die Widerstandsaktionen von Hanny Schaft mit *Das Attentat* von Harry Mulisch. Aber auch nach Erscheinen des letzteren waren in den Zeitungen Rekonstruktionen eines gewissen Anschlags, verübt von Hanny Schaft, zu lesen.

Der ewige Vergleich mit der Wirklichkeit: unausrottbar. Ich habe mich schon lange damit abgefunden, aber nochmals: um Himmels willen nicht schon ein halbes Jahr vorher die Ankündigung eines »Hans-Kok-Romans von van der Heijden«. (Daß in Kok das französische Wort für »Hahn« steckt, fällt mir erst jetzt auf: Die Paranoia setzt ein.)

Wir müssen uns daher gut absprechen, was wir bei der Vorstellung des Buchs Ende August machen. Ich habe vollstes Vertrauen in Eure Vertreter, fürchte aber, daß, wenn ich sage: »Der Roman handelt nicht von der Affäre Hans Kok«, genau dieser Name hängenbleibt und als kompakte Zusammenfassung des Buches dienen wird.

Also, Ary, genau wie bei Meester Quispel: Mund zu vorläufig.

Ich rufe Dich Ende der Woche an, damit wir uns über den Umschlag weiter unterhalten können.

Herzliche Grüße, auch von Mirjam, die jetzt gleich das Mittagessen auf den Tisch stellt, selbstverständlich im Freien (ein wundervoller erster Sommertag).

Adri van der Heijden

A. F. Th. an Jan Brands

Amsterdam 7. VI. '89

Lieber Jan,

[...]

Jetzt noch kurz zu meinen eigenen Problemen:

Schon seit ungefähr einem Jahr hatte ich mich dagegen gewehrt, daß *Anwalt der Hähne* in Richtung *Die zahnlose Zeit* rückte. Trotzdem ging der Austausch (und die Anpassung) von Figuren einfach weiter – völlig autonom, wie es schien. Ich brauchte nur zu folgen.

Vor einigen Wochen habe ich den Widerstand aufgegeben (übrigens zu meiner eigenen großen Erleichterung), so daß *Anwalt der Hähne* jetzt unter *D. z. Z.* läuft, obwohl noch zu entscheiden ist, ob als Band 4 oder 5, denn *D. z. Z. 3* bleibt, was es war, und wird zu einem späteren Zeitpunkt erscheinen. Das Material, das ich in einem gesonderten Buch als »Epilog« hatte veröffentlichen wollen, muß in der erweiterten Reihe nun auch für sich erscheinen, finde ich, und ich habe große Lust, dieses kleinere Werk (ca. 120 S.) als *D. z. Z. 4* gleichzeitig mit *Anwalt ...* = *D. z. Z. 5* zu veröffentlichen, oder allenfalls ein paar Wochen früher. (Ca. Febr. 1990)

Was den Ausschlag bei meiner Entscheidung gegeben hat? Als ich, sagen wir mal: *durch* den Anwalt Meester Quispel Zeuge der dramatischen Wiederbegegnung von Albert und Flix wurde, nachdem letzterer gerade aus dem italienischen Gefängnis zurückgekehrt war, wußte ich, daß ich an *D. z. Z.* schrieb, anstatt einen eigenständigen Roman zu schaffen. (Albert *war* bereits immer prominenter in *Anwalt* vertreten, u. a. als Autor eines Theaterstücks, mit dem er seinen Freund, den jung verstorbenen Schauspieler Thjum Schwantje, ehren wollte.)

Soweit die neuen Entwicklungen. Querido begrüßt sie von Herzen, trotz der Krawatte/Schlinge auf dem bereits entworfenen – und jetzt verworfenen – Umschlag. »Teil 3« *bleibt* vorläufig die Krone des Ganzen – was bedeutet, daß ich demnächst von hinten nach vorn arbeite, genau auf die Apotheose zu. Mach Dir keine Sorgen: Ich weiß, was ich tue.

[...]

Herzlich, auch
im Namen von M. und T., der sehr bald Geburtstag hat,
Adri.

A. F. Th. an Helga van Beuningen

Amsterdam, 31. 1. 1995

Liebe Helga,

[...]

S. 295 [313] »Wetboek van Manu ...« Ich *wollte*, ich hätte mir das ausgedacht. Aber nein, das gibt es tatsächlich. Wo es herkommt (es ist sehr alt), mußt Du mal in einer Enzyklopädie raussuchen. Ich stieß mal in einem überraschenden Kontext (er stellt es dem Neuen Testament gegenüber) bei Nietzsche darauf, in *Der Antichrist*. Ich zitiere Nietzsche:

»Ich kenne kein Buch, wo dem Weibe so viele zarte und gütige Dinge gesagt würden, wie im Gesetzbuch des Manu; diese alten Graubärte und Heiligen haben eine Art, gegen Frauen artig zu sein, die vielleicht nicht übertroffen ist. ›Der Mund einer Frau‹ – heißt es einmal –, ›der Busen eines Mädchens, das Gebet eines Kindes, der Rauch des Opfers sind immer rein.‹ Eine andre Stelle: ›Es gibt gar nichts Reineres als das Licht der Sonne, den Schatten einer Kuh, die Luft, das Wasser, das Feuer und den Atem eines Mädchens.‹ Eine letzte Stelle – vielleicht auch eine heilige Lüge –: ›Alle Öffnungen des Leibes oberhalb des Nabels sind rein, alle unterhalb sind unrein. Nur beim Mädchen ist der ganze Körper rein.‹«

Quispel zitiert also, wie ich, das Gesetzbuch des Manu auf dem Wege über Nietzsche – nur ziemlich frei, um seinen verbalen Ausrutscher zu rechtfertigen.

Wo wir schon mal bei dieser Passage sind, will ich Dir noch einmal demonstrieren, wie die Wirklichkeit die Literatur einholen und sogar überbieten kann –, auch wenn dies nichts mit Deiner Übersetzung zu tun hat (geschweige denn ihr etwas hinzuzufügen hätte). Ich habe selbst ein paarmal, in den Jahren '78-'88, eine solch übertrieben glückselige Periode mitgemacht, wie Quispel sie jährlich erlebt; in meinem Fall nur weniger tolldreist und weniger desaströs (denk mal an!).

Wenn ich mich jetzt mal, ganz ausnahmsweise, in Quispels Lage versetze, kann ich sagen, daß der Vorfall mit dem traurig dreinschauenden Mädchen authentisch ist. Er spielte sich im Frühjahr '86 ab. Ich war 34 und eigentlich schon zu alt, um meine Lieblingsstudentendisco aus früheren Jahren zu besuchen; dennoch tat ich es noch *ein*mal. Ich geriet in eine Gesellschaft von Zwanzigjährigen, zu der das Mädchen mit den Weihnachtskugelohrgehängen gehörte. Sie war also nicht fünfzehn wie bei Quispel, sondern zwanzig, und sie hieß Marike. Sie war hübsch, wenngleich mit diesem Schatten von Traurigkeit, die nicht zu ihrem Alter paßte. Anläßlich dieser schwer aussehenden Ohrgehänge kam das Gesetzbuch des Manu auf meinen Ausrutscher hin kurz zur Sprache, aber ich war in meiner Grobheit – zum Glück – weniger zungenfertig und weniger weitschweifig als unser Anwalt. Das Mädchen wies mich ernst zurecht und hatte danach nichts dagegen, mit mir zu tanzen.

Das war's dann – zumindest wäre es dabei geblieben, hätte ich nicht Jahre später, *nach* dem Erscheinen von *Anwalt der Hähne* und dieser darin enthaltenen Passage, im Fernsehen einen Dokumentarbericht über ein im Alter von 22 Jahren an Aids gestorbenes Mädchen gesehen. Es wurden Fotos von ihr gezeigt. Ich erkannte sie sofort wieder. Marike. Ihre Mutter, ihre Freunde und Freundinnen kamen zu Wort. Es gab stimmungsvolle Aufnahmen aus der Studentendisco Dansen-bij-Jansen, in der ich sie kennengelernt hatte (und die in *Anwalt* Modell für die Discothek »Dogshit City« gestanden hat, in der Ernst Zwanet begegnet – siehe das Kapitel »Wein, Ziege, Witwe«). Aus den Interviews konnte ich schließen, daß »Marike« in jenem Frühjahr '86 gerade aus Südfrankreich zurückgekehrt war, wo sie mit einem Freund zusammengelebt hatte, von dem sie schwanger gewesen war. Als sich während ihrer Schwangerschaft herausstellte, daß sie seropositiv war, wurde sie von südfranzösischen Ärzten mehr oder weniger zu einer Abtreibung gezwungen. Der Junge löste die Beziehung, und sie kehrte in die Niederlande zurück. Ich verstand etwas mehr von diesem durch und durch traurigen Gesicht. Ich hatte noch etwas dazu gesagt im Sinne von: »... sogar wenn du lachst, hast du noch etwas Trauriges.« Sie: »Nein, dann erst recht. Das sagen alle.«

Gemäß ihrer eigenen Verfügung wurde sie in einem feuerrot lackierten Sarg bestattet; die Beerdigung, '88, hatte man gefilmt; ihre Freunde tranken Champagner am offenen Grab, denn auch das hatte sie so gewollt.

Hätte ich den Dokumentarfilm früher gesehen, hätte ich, glaube ich, die Passage über das Gesetzbuch des Manu nicht aufgenommen. Hinterher kam es mir wiederum unehrerbietig vor, sie rundweg zu streichen.

Vergiß dieses Intermezzo, sobald Du es gelesen hast.

[...]

Alles Liebe

Adri.

A. F. Th. an Anthony Mertens,
Verlag Em. Querido

Der Gerichtshof der Barmherzigkeit
Brief an den Lektor
1. März 1995 - 17. März 1995

Betr.: *Die zahnlose Zeit 3* Buch Eins,
Der Gerichtshof der Barmherzigkeit

Mittwoch, 1. März 1995

Lieber Anthony,
dies dürfte der kurioseste Brief werden, den Du je erhalten hast – ein Brief, der einen kompletten Roman umfassen soll. Wir werden sehen.

Ende letzten Jahres traf ich mit Dir und Ary Langbroek, um genau zu sein: im Restaurant Excelsior des Hôtel de l'Europe, feste Vereinbarungen über meine nächsten Veröffentlichungen. So um die Zeit des »Uitmarkt«, der für gewöhnlich auf das letzte Augustwochenende fällt, sollte ein Band mit autobiographischen Texten erscheinen, die sich alle auf das (mühsame) Entstehen meines Romanzyklus *Die zahnlose Zeit* beziehen. Arbeitstitel (*De*) *Sneeuwnacht* (»(Die) Schneenacht«), wenngleich ich inzwischen mehr zu dem ursprünglich für Teil 3 bestimmten, von einem Rotterdamer Verleger jedoch sabotierten *Sneeuwnacht in september* (»Schneenacht im September«) neige. Im November desselben Jahres '95 sollte dann endlich die Veröffentlichung des langerwarteten dritten Teils des Zyklus, *Unterm Pflaster der Sumpf*, erfolgen, wobei das zwischenzeitliche Erscheinen von *Anwalt der Hähne* in deutscher Übersetzung soweit wie möglich berücksichtigt werden sollte.

Um diese Projekte abzuschließen, darüber sind wir uns einig gewesen, würde ich meine gesamte verfügbare Zeit und Energie bis, sagen wir, Mitte August benötigen, und das vom ersten, na ja, dem zweiten Januar an. Letzteres erwies sich als zu hoch gegriffen: *Asbestemming* (»Aschebestimmung«) war erst zwei Monate zuvor erschienen, und darüber hinaus wurde ich von allerlei Nebenbeschäftigungen in Beschlag genommen, wie z.B. bereits vor langer Zeit vereinbarten Lesungen sowie einer intensiven Zusammenarbeit mit meiner deutschen Übersetzerin Helga van Beuningen, ganz zu schweigen von dem Verwaltungskram, denn zu meinem Entsetzen bin ich (auch ohne dem GmbH-Modell erlegen zu sein) so etwas wie eine kleine Firma geworden. Kurzum, das Jahr begann bunt und konzentrationsschwächend, und die Schwelle zum Großen Werk wurde höher und höher. Letzte Woche entschloß ich mich zu einem alten Radikalmittel: zehn Tage irgendwo in einem Hotel zu sitzen, mit nichts anderem beschäftigt, als die letzte Arbeitsphase in Angriff zu nehmen. Den richtigen Rhythmus zu finden. Einen Arbeitsrhythmus, der bis zum Tag der Fertigstellung Bestand haben würde. *Nicht* auf dem flachen Land. Der Anblick von so etwas wie einem Horizont zwischen ein paar kahlen Bäumen würde jeden Arbeitsdrang im Keim ersticken. Nein, eine kleine Stadt, mit allem Drum und Dran, Coffeeshops, Restaurants, alles. Leiden, warum nicht. Ich erinnerte mich, vor Jahren mal sehr angenehm unter dem Dach des Hotels De Doelen genächtigt zu haben, einem Patrizierhaus aus dem

Jahr 1435 am Rapenburgkanal; es muß wundersamerweise dem explodierenden Pulverschiff entronnen sein.

Am vergangenen Sonntagnachmittag, als Mirjam und Tonio meine Mutter in Eindhoven besuchten, habe ich, von einer strammen Trinkwoche heftig schwitzend, meinen Koffer gepackt. Saubere Wäsche, aber auch den tragbaren CD-Player, den ich im vorigen Jahr in La Rochelle gekauft und der mir dort solch gute Dienste beim Schreiben von *Asbestemming* erwiesen hatte. Ich packte absichtlich nicht das Manuskript von *Unterm Pflaster* ein; daran würde ich nach meiner Rückkehr weiterarbeiten. Ich wollte lediglich die Notizen zu einem mittlerweile beiseite gelegten Projekt mitnehmen: *Der Gerichtshof der Barmherzigkeit*, lange Zeit gedacht als *Die zahnlose Zeit 3* Buch Eins. Damit wollte ich anfangen, in erster Linie, um die eingeschlafene Disziplin zu wecken und mich selbst zu erneutem Arbeitseifer anzustacheln und diesen im folgenden festzuhalten. Und, wer weiß – das war natürlich mein geheimer Ehrgeiz –, würde es auch noch was werden mit dem beiseite geschobenen, fast schon verworfenen Romanteil. Niemand wartete darauf, so überlegte ich mir, das heißt, ich würde nicht das Gefühl haben, jemand schaue mir über die Schulter, ein Umstand, der mich im günstigsten Fall enthemmen und in schnellem Schreiben entzünden lassen würde. Schließlich ging es darum, um jeden Preis die Kräfte zu entfesseln. Ich brauchte mir nur selbst, ohne groß auf Stil zu achten, die Geschichte von *Der Gerichtshof* zu erzählen; wenn sie sich als brauchbar erwiese, könnte ich mich noch immer ans Ausfeilen machen.

Man macht die Rechnung immer ohne den Wirt, der man selbst ist. Auch wenn es keine heimlichen Mitleser gibt, nicht einmal imaginäre, stellt sich immer noch die Frage, wie man sich von sich selbst freimachen soll, von seinen eigenen – zumal am Anfang lähmend strengen – Maßstäben. Wie bringt man das Ganze in Gang?

Ich beschloß, es mir leicht zu machen. Erst die totale

Entspannung. Als um fünf Uhr der Koffer gepackt war, meine Schreibmaschine bereitstand, bestellte ich ein Taxi für halb acht. Ich spazierte in aller Gemütsruhe zum Café Welling, um ein paar Leuten tschüs zu sagen und mit dem einen oder anderen Glas die Spannung der Abreise zu lindern. Zu meiner Überraschung traf ich dort Bram, »unseren« Bram aus dem De Zwart. Er schaut sich in Amsterdam-Zuid um, auf der Suche nach einem geeigneten Lokal, um sich selbständig zu machen; er sondiert die Stimmung in den vorhandenen Kneipen. Wir tranken ein paar Gläser, sprachen über Geschäfte, Ehrgeiz ... ich spürte, wie ich langsam selbstsicher wurde. Als ich um fünf vor halb acht nach Hause kam, stand das Taxi schon da, eine Nobelkarosse vom sogenannten »Luxustaxidienst«. Eine halbe Stunde später waren wir in Leiden. In De Doelen bekam ich das Zimmer, in dem ich vor neun Jahren, während der »Bücherwoche«, schon mal eine Nacht verbracht hatte, damals, um alles andere zu tun, als darin zu arbeiten; das betrachtete ich als günstiges Zeichen. In den mir bekannten Kneipen in Leiden und im Restaurant La Cloche in der Kloksteeg arbeitete ich weiter an meiner »totalen Entspannung«, mit der Folge, daß mein Geist am nächsten Tag arbeitete, als hätte man, wie der Zeichner Ralph Steadman es einmal ausgedrückt hat, »mein Gehirn mit einer Mistgabel immer wieder umgegraben und dabei in den Ecken ordentlich gekratzt«. In Erwartung größerer Klarheit versuchte ich, mich für den Marathon warm zu laufen, indem ich einen langen Brief an ... tut nichts zur Sache, an wen, schrieb. Zwei, drei Seiten kosteten mich einen vollen Nachmittag. Auch am nächsten Tag, gestern, löste sich die Feder in mir nicht. Die Spannung glich zu sehr jener zu Beginn eines neu zu schreibenden Romans, der bereits angekündigt ist, und das war ja nun gerade nicht Sinn der Sache. Heute sagte ich mir: Warum machst du es nicht in Form eines Briefes, zumindest zu Beginn? Ein Brief ist frei, kann noch in alle Richtungen gehen; du beginnst damit, dem Adressaten *von* dem geplanten Buch zu erzählen, du faßt es zusammen, nennst mögliche Konzepte, Stilproben – und ehe du dich's versiehst, steht eine Passage explizit auf dem Papier, womöglich sogar ein ganzes Kapitel, in der ersten Fassung, aber immerhin. So hoffte ich, grabend wie ein Maulwurf auf Umwegen zur Materie des Buches vorzudringen, bereits flüchtig Form hineinbringend, wo das möglich war, provisorisch. Ich hoffte auch, etwas von dem Schwung, mit dem ein Brief begonnen werden kann, auf den in vorläufiger Form wiedergegebenen Romanstoff übertragen zu können.

Lieber Anthony, darf ich Dich als Adressaten mißbrauchen, um mir auf dem Wege über Dich die komplizierte Geschichte des vermeintlichen Elternmords erzählen zu können? Natürlich habe ich meinen Brief nicht an einen x-Beliebigen adressiert. Du bist mein Lektor und ein guter Mitleser; ich würde gern von Dir hören, inwieweit die Geschichte, ob sie nun in *Die zahnlose Zeit* integriert wird oder nicht, lebensfähig ist. Für mich ist dies etwas völlig Neues, ein Experiment, das mich verletzlich macht; bisher habe ich am liebsten ausgereifte oder fast ausgereifte Manuskripte aus der Hand gegeben. Das Experiment braucht nicht zu einem neuen Titel zu führen; wenn ich damit die für *Unterm Pflaster* benötigten Kräfte freisetzen kann, bin ich zufrieden. Was es sonst möglicherweise noch, für jetzt oder für die Zukunft, bringt, ist eine willkommene Zugabe.

Ich vermute, daß die Spannung, mit der ich bei der Bearbeitung der Notizen zu *Der Gerichtshof der Barmherzigkeit* nicht gerechnet hatte, voll und ganz mit meiner Faszination für das Thema zusammenhängt, so sehr ich mich auch hier bemüht habe, das ganze Projekt zu bagatellisieren und als »Übungsmaterial« abzutun. Es ist nicht ausgeschlossen, daß es mir ebenso am Herzen liegt wie *Unterm Pflaster der Sumpf*. Deshalb werde ich Dir jetzt erklären, wo diese Faszination begonnen und wie sie sich weiterentwickelt hat. Ich beginne bei der Wirklichkeit hinter der Fiktion, etwas, das mir beim Kritiker Mertens viel schwerer gefallen wäre als jetzt beim Lektor – wenngleich ich zugebe, daß ich Dir vor etwa zweieinhalb Jahren, nach einem Besuch in der Betuwe, auf einer Caféterrasse eine ganze Menge über die Fakten hinter dem geplanten Roman erzählt habe.

Ich wohnte in Nimwegen im Studentenwohnheim in Hoogeveldt, als Ende April/Anfang Mai 1974 in *De Gelderlander* und anderen Zeitungen, die in unserer Wohneinheit gelesen wurden, Reportagen über einen Mordfall im Overbetuwer B. zu erscheinen begannen: Eine Frau von Ende Dreißig hatte angeblich ihrer Mutter den Schädel eingeschlagen und sie danach erwürgt. In keinem Bericht, und das machte den Fall erst richtig faszinierend, fehlte der Hinweis auf den Mord (durch Vergiften) an ihrem Vater, für den sie anfänglich verurteilt, in der nächsten Instanz jedoch freigesprochen worden war. Dieser Freispruch war für die Reporter jener Tage offenbar Anlaß genug, ohne Bedenken den Vergiftungsfall wieder auszugraben und an das neue Verbrechen zu koppeln, alles mit dem Unterton: »... rückwirkend zeigt sich eben wieder, daß dieser Freispruch seinerzeit zu Unrecht erfolgt ist.« Ich muß gestehen, daß sich auch meine Faszination damals aus der Verdoppelung der Tat ergab: Erst mußte der Vater aus dem Weg geräumt werden, dann die Mutter, und damit war ein Schauermärchen vollendet, das wir nur allzugern glauben wollten. Es war zu grauenhaft schön, um *nicht* wahr zu sein.

Ich verfolgte alle Berichte über den Fall, jede neue Wendung (leider habe ich kein Archiv eingerichtet), und begab mich sogar in einer Art negativer Wallfahrt zum Ort des Verbrechens, dem Dorf B. in der Betuwe, wo ich auch die zentrale Klatschquelle, Het Wapen van B., aufsuchte. Aus einem weiteren Grund übten B. und Umgebung große Anziehungskraft auf mich aus. Es ist ein typisches Gartenbaugebiet, dominiert von Glashäusern, die gegen zuviel Sonne mit weißem Segeltuch vor den Glasscheiben geschützt werden oder indem man die Scheiben mit weißer Tünche anstreicht: ein wunderbares Symbol für das »Leben im Glashaus« und die Auflehnung dagegen. Meine große Liebe aus jener Zeit, ***, in *Das Gefahrendreieck* als die an Anorexia nervosa leidende Studentin Milli Händel porträtiert, stammte aus dem benachbarten Gendt, aus einer Gärtnerfamilie, genau wie die zur Mörderin abgestempelte Annie E. Der Vater der letzteren starb an einer Überdosis des Pflanzenschutzmittels Parathion – es war höchstwahrscheinlich Selbstmord, wenngleich seine Tochter dafür um ein Haar den Kopf hätte hinhalten müssen, nein, ich muß sagen: sie *hielt* den Kopf dafür hin, denn der Vergiftungsfall begünstigte und beschleunigte ihre Verurteilung zu zwölf Jahren wegen Mordes an ihrer Mutter.

[...]

Adri van der Heijden

A. F. Th. an Ary Langbrock,
Verlag Em. Querido

Amsterdam, 16. Nov. '95

Lieber Ary,

[...]

Mit *Dz Z3* E & Z geht es gut voran. In einer Woche habe ich, einfach indem ich ununterbrochen durcharbeitete, alles runtergehauen, was noch an Hennie A.s Porträt fehlte, das heißt: in erster Linie die »aktuellen« Einleitungen aus dem Frauengefängnis in Rotterdam. Jetzt arbeite ich an einer stärkeren Dramatisierung der Schlußkapitel, wodurch diese lange, lange Geschichte die Apotheose erhält, die ihr zusteht.

[...]

Herzlichen Gruß,

Adri

Die deutsche Ausgabe der »Zahnlosen Zeit«

A. F. Th. van der Heijden steht Helga van Beuningen Rede und Antwort

Der Widerborst

Bad Segeberg, 15.2.93

Lieber Adri,
endlich melde ich mich [...] jetzt habe ich mit *Weerborstels* angefangen (und auch gleich wieder 'ne Menge Probleme!). Um möglichst ökonomisch vorzugehen, möchte ich Dich zunächst bitten, mir die Liste mit den Erklärungen zu schicken, die Du seinerzeit für Deinen englischen Übersetzer zusammengestellt hattest; ich denke, damit sind dann auch viele meiner Fragen beantwortet. Den Rest muß ich Dir dann noch schicken; ich hätte sie ja lieber mündlich mit Dir durchgesprochen, wenn ich in A'dam bin (am 22. od. 23. März hätte ich Zeit), aber der Verlag drängt und hätte die Übersetzung gern möglichst schon vorher.

Ein großes Problem ist der Witz mit »thee« und »tut« und »koffie« und »...«. Dafür habe ich bisher noch nichts im Deutschen gefunden, das nicht absolut konstruiert klänge. Schwierig finde ich auch manche Slangausdrücke, da würde ich mich gern einfach bei Dir vergewissern, daß ich sie richtig verstanden habe. Und das allergrößte Problem ist die Sache mit dem »zwaarder – lichter« – wie ich das lösen soll, ist mir im Moment noch ein Rätsel. Aber wir werden es schon lösen! Der Verlag hat auch noch Probleme mit dem Titel ...

Sonst alles in Ordnung bei Dir?

Jetzt warte ich also erst einmal gespannt auf Deine Liste und bastle derweil so weiter.

Vielen Dank für Deine Mühe und herzliche Grüße,
Helga

Bad Segeberg, 25.2.93

Lieber Adri,
anbei meine Fragen zu *Weerborstels*. Die gelb markierten am Anfang und am Ende beziehen sich auf die Kapitel 1 und 9, die fürs SCHREIBHEFT bestimmt sind und die ich also noch früher brauche als den Rest. Ich hoffe, das macht die Sache nicht allzu schwierig für Dich (und ich wünschte selbst auch, daß es nicht so schrecklich eilig wäre!!!).

Für das »tut – kut«-Problem habe ich inzwischen eine – hoffentlich befriedigende – Lösung gefunden und auch für »zwaarder – lichter«. (Ist Dir beim Schreiben eines Buches eigentlich bewußt, was für Probleme Deine schönen, geistreichen Einfälle für Deine armen Übersetzer und Übersetzerinnen bedeuten???)

Ich danke Dir schon jetzt für Deine Hilfe,
herzliche Grüße,
Helga

Amsterdam, 2.3.93

Liebe Helga,
schnell den Empfang Deines Briefes-mit-Fragenliste bestätigen. Ich bin im Aufbruch begriffen, um irgendwo im NO des Landes zu lesen. Gern hätte ich vorher die komplette Fragenliste fertig gehabt, aber das schaffe ich nicht. Morgen, wenn ich zurück bin, mache ich den Rest, so daß Du sie Ende der Woche hast. Ich habe mir die Liste angeschaut: Ich sehe nirgends Probleme – das heißt, ich werde Dir auf keine einzige Frage die Antwort schuldig bleiben müssen.

Prima, daß Du die beiden größten Übersetzungsprobleme schon gelöst hast!

Nein, ich versuche nicht eigens, meine Übersetzer in den Wahnsinn zu treiben (das tat Nabokov!), aber ich gehe auch keinem Wort und keinem Wortspiel aus dem Weg, um sie zu schonen. Wer verkrampft in einem Erholungsheim landet, den werde ich sicher besuchen, mit Obst oder Blumen. So bin ich denn auch wieder.

Gegen Ende der Woche hörst Du mehr. Bis dann.
Herzliche Grüße,
Adri van der Heijden

P. S. Von der Buchhandlung Wäser habe ich inzwischen auch eine Bestätigung.

Der Anwalt der Hähne

[...]

S. 409 und 420 [deutsche Ausgabe 437]: ***Peesje stinken***
Worum es hier geht, habe ich verstanden, aber ich weiß bei Gott (noch) nicht, wie ich diesen Ausdruck übersetzen soll. Vielleicht hilft es mir weiter, wenn ich von Dir höre, wie Du darauf gekommen bist; wie wichtig ist z. B. diese »Sehne«, warum hast Du nicht einfach etwas genommen wie »Schuhbänder anzünden« oder etwas in der Art? Schwierig!!!

[...]

S. 432 [453]: *U heeft zo'n* ***Indisch fonteintje*** *in de pot.*
Hat Hanekrot etwa ein Bidet mit einer Toilette verwechselt, oder um was für eine (komplizierte) Toilette handelt es sich hier? Und was ist mit dem »tuitje, waaruit een straal water tegen je ...«?

[...]

S. 469 [504]: ***Blasé van een houten ham.***
Van Dale gibt an: de houten ham komt daar op tafel = zij moeten kromliggen en toch nog stand ophouden. Bedeutet Dein Satz also so etwas Ähnliches wie: blasiert wegen etwas, das nicht wirklich existiert, nichts wert ist,

nur Schein ist??? Auf S. 488 [527] kommt es noch einmal vor: ... *dat een mens hooguit nog blasé kon raken van voorgewende genietigingen, van de nuttiging van een houten ham.*

[...]

S. 484 [522]: *Een geweldje.* ***In een heel klein hoekje.***

Was ist die Bedeutung dieses Satzes? Ist das eine Anspielung auf etwas, was ich nicht weiß, oder ist das einfach eine kleinmädchenhafte, »spitzbübische« Ausdrucksweise?

[...]

Lieber Adri,

das sind meine Fragen zu Teil 6 von *Advocaat van de hanen*. (Jetzt kommt nur noch *ein* Teil!!!!)

Vielen, vielen Dank für Deine letzten Erläuterungen, die wie immer sehr klar waren. Ich kapiere nicht, wie die meisten meiner Übersetzerkollegen es ohne Erläuterungen ihrer Autoren schaffen; ich fühle mich soviel sicherer, wenn ich von Dir gehört habe: Ja, so hast Du den Satz richtig verstanden; oder nein, ich habe es so oder so gemeint. Es kostet zwar mehr Zeit (Deine und meine), aber ich finde, es kann der Übersetzung nur zugute kommen. Ich bin Dir daher sehr dankbar, daß Du Dir trotz Deiner eigenen Arbeit diese Mühe machst!

[...]

Alles Liebe und vielen Dank,

Helga

Amsterdam, 14. März 1995

Liebe Helga,

diesmal habe ich Dich notgedrungen zwei Wochen warten lassen müssen; wie Mirjam Dir schon erklärt hat, hatte ich mich für zwölf Tage in die kleine Stadt Leiden zurückgezogen, in ein Hotel, um nicht zu weit von Amsterdam, aber doch außerhalb der Stadt, wo ich zu viele gesellschaftliche Verpflichtungen habe, meinen Arbeitsrhythmus wiederzufinden. Ich hatte mir selbst geschworen, ausschließlich das Manuskript, an dem ich gerade arbeite, mitzunehmen und mir keine geschäftliche Post nachschicken zu lassen; dadurch blieb leider auch Dein Fax liegen. Hoffentlich habe ich Dir dadurch nicht Deinen Zeitplan durcheinandergebracht. Das letzte Wochenende brachte auch keine Abhilfe, da ich in Brüssel bei der Verleihung des Gouden-Uil-Literaturpreises anwesend sein mußte. Daher komme ich erst jetzt, Montagabend, zu Deinen Fragen. Der Preis fiel nicht auf das nominierte *Asbestemming* (von A. F. Th. van der Heijden – Anm. d. Ü.), sondern auf *Indische duinen* von Adriaan van Dis. Ich habe mir mein Schlemmerwochenende in Brüssel dadurch nicht vergällen lassen.

So, und jetzt zur Tagesordnung. Hier kommen die Antworten.

S. 409/420 »... peesje stinken ...« Bei mir auf der Grundschule wurde das Anzünden eines Schuhbands mit dem Ziel, mutwillig einen scharfen Brandgeruch im Klassenzimmer zu fabrizieren, von allen wortwörtlich »peesje stinken« genannt. Eine seltsame Konstruktion fürwahr! Ich weiß nicht, ob es eine Art Abkürzung war: (een) peesje (tot) stinken (brengen) oder: (een) peesje (doen) stinken. Peesje (Diminutiv von pees = Sehne. Anm. d. Ü.) steht dabei für ein Stück Schuhband (wenn das »peesje« in der Hand gehalten wurde, um es, indem man von Zeit zu Zeit darauf blies, aufglühen zu lassen) oder für das ganze Schuhband (wenn heimlich das Ende von jemandes Schuhband unter der Schulbank angezündet wurde).

Es könnte auch sein – und diese Möglichkeit erscheint mir etwas geringer –, daß der Ausdruck »peesje stinken« als Art Indianersprache benutzt wurde: »Howgh, peesje stinken, Bleichgesicht!« anstatt: »Ihr Schuhband stinkt, mein Herr.«

Pees(je): Im van Dale Bedeut. 4 der ersten Rubrik: »Schnur aus zusammengeflochtenen Fäden«. Auch die weiche weiße Schnur, die um einen Kreisel gewickelt wurde, um diesen zum Drehen zu bringen, wurde »pees« oder »peestouw« genannt. Für Quispel verkörpert der Schulausdruck »peesje stinken« offenbar etwas Sentimentales aus seinen Jugendjahren. Aus dem Kontext des Kapitels könnte man schließen, daß Quispel ohne die wortgetreue Erinnerung an diesen Kinderausdruck seiner Schuljahre sein Schuhband nie angezündet hätte. Es sagt etwas über die alkoholische Verwirrung aus, in der er sich mittlerweile befindet, daß er ein solches Kinderspiel mit einem »Protestakt« verwechselt. Mir scheint daher wichtig, daß Du einen deutschen Ausdruck wählst (oder Dir ausdenkst), der in puncto Infantilität damit verwandt ist.

[...]

S. 432 »... Indisch fonteintje ...« Oje, das ist nicht ganz leicht zu erklären; dieser Inspektor Hanekroot ist so ein unbeholfener Stiesel in allem, was er tut und sagt. Das »Indische fonteintje«, das in modernen Toiletten fast nicht mehr anzutreffen ist, ist ein Verweis auf unsere Kolonialvergangenheit. In unserem ehemaligen »Niederländisch-Ostindien«, dem heutigen Indonesien, benutzte man, dem Beispiel der einheimischen Bevölkerung folgend, nach dem Stuhlgang in der Regel kein Papier, um sich zu säubern, sondern Wasser aus einer Flasche, die manchmal einfallsreich an einer Schnur aufgehängt war. Für den Gebrauch von Wasser anstatt Papier konnte man sich später in manchen niederländischen Toilettenräumen noch entscheiden, indem man einen kleinen Hahn neben der Toilette aufdrehte, woraufhin man einen dünnen, eiskalten Wasserstrahl an seinen Hintern spritzen fühlte. Dieser Strahl kam aus einer Metalltülle, die an strategischer Stelle *in* der Toilettenschüssel angebracht war. Da hast du das »Indische fonteintje« von Hanekroot, der es auch noch fertiggebracht hat, es zu benutzen.

[...]

S. 469 »Blasé van een houten ham«. In den Niederlanden sagt man zum Beispiel: »In Den Haag, da machen sie immer so einen auf vornehm, da stellen sie einfach einen hölzernen Schinken auf den Tisch, wenn sie sich keinen echten leisten können.« (Dies natürlich im Hinblick auf die Nachbarn von gegenüber und auf Passanten.) Das Beispiel aus van Dale ist auch schön und gibt eine etwas andere Nuance wieder. Dieses Blasiertsein vor lauter Schein hast du ganz richtig verstanden.

Ich habe keine Ahnung, ob es im Deutschen etwas gibt, das diesem hölzernen Schinken gleichkommt.

[...]

S. 484 »... klein hoekje«. Zwanet weiß zu diesem Zeitpunkt mehr als Ernst über die *wahre* Todesursache von Kiliaan Noppen. Sie weiß offenbar, daß dieses »geweldje« keine Polizeigewalt war. (Siehe auch Seite 485, Mitte [522]: »Ze moesten ... (eens weten).«) Bereits auf 484 verspricht sie sich mit ihrem »... geweldje. In een heel klein hoekje.« Sie schluckt es schnell wieder runter, aber für den Leser wird später deutlich werden, daß sie hier sagen wollte: »Das Unglück steckte in einer kleinen Ecke«, nämlich in dem Postpaket des alten Mannes: dem Stein, der Dr. Nop erschlug, ohne daß die Polizei damit etwas zu tun hatte. So gibt es auch einen niederländischen Ausdruck: »Een ongeluk zit in een klein hoekje.«

Woher kennt Zwanet denn die wahre Todesursache? Nun, durch Albert Egberts, der ihr in seiner verliebten Offenherzigkeit natürlich erzählt haben wird, was er auf dem Dach des Bahnhofs Haarlemmermeer am Tag der Räumung des Untersuchungsgefängnisses gesehen hat. Weniger eilig hat es Albert damit, seinen Augenzeugenbericht der Polizei zu übermitteln, wie wir noch sehen werden.

Unverkürzt sagt Zwanet also im Grunde: »Een geweldje zit in een klein hoekje« – und verspricht sich damit um ein Haar, denn sie sollte (noch) nichts wissen.

[...]

Das war's für diesmal, Helga. Schick die letzten Fragen schnell, dann kann ich sie notfalls noch diese Woche beantworten. Vielen Dank für Deine Bemühungen in puncto unseres bevorstehenden Griechenlandurlaubs. Ich will kurz vorher, Ende April, das Manuskript eines neuen Romans bei Querido abliefern: *Der Gerichtshof der Barmherzigkeit* (Die zahnlose Zeit 3, Buch Eins). Das wird noch hartes Arbeiten bedeuten.

Herzliche Grüße, auch an Wolfgang,

Adri

[...]

Fallende Eltern

Bad Segeberg, 8. Aug. 96

Lieber Adri,
wenn Du dieses Fax liest, bist Du, hoffentlich bestens erholt, aus Sizilien zurück. Und hoffentlich nicht böse auf mich, daß ich Dich gleich nach Deiner Rückkehr schon wieder mit lästigen Fragen bombardiere! Aber *Die Drehtür* ist – bis auf ein paar kleine, mir noch unklare Dinge – fertig, und ich mache dann gleich weiter mit van der Heijden (»Überdosis« ist schön gesagt; Margriet de Moor fragte mich auch schon, ob ich mich jetzt, nach meinem Urlaub, »meinen niederländischen Sorgenkindern« wieder gewachsen fühle!): *Fallende Eltern*, von denen Wallmann für sein SCHREIBHEFT die Kapitel 1, 2 und 3 haben will. Nein, mit der »Überdosis« ist es noch nicht so schlimm, vor allem wenn Du bereit bist, meine Fragen weiter zu beantworten!

Herzlichen Dank für Deine Karte aus Sizilien. Ich hoffe, Ihr hattet dort einen sehr schönen Urlaub. Du konntest ihn auch wirklich gebrauchen, nehme ich an, nach diesem anstrengenden Jahr, in dem Du ohne Pause an *Der Gerichtshof der Barmherzigkeit* und *Unterm*

Pflaster der Sumpf gearbeitet hast! Aber jetzt bekommst Du auch von überall her nichts als höchstes Lob, und das mehr als zu Recht, wage ich jetzt schon, nachdem ich die ersten Kapitel gelesen habe, zu sagen. Nach meiner Rückkehr aus Kanada bat ich Querido nämlich, mir die Bücher zu schicken, was sie auch taten; seit ein paar Tagen bin ich also im Besitz dieser beiden großartigen Bände. Du hast sicher schon das eine oder andere über die Dicke Deiner Bücher gehört. Ich will Dir nicht verschweigen, daß *meine* erste Reaktion gelinder Schrecken war: Das muß ich irgendwann auch noch übersetzen! Aber gleich darauf siegte meine Bewunderung für Deine Bücher und auch mein »Durst« nach ihnen haushoch über die anfängliche Schreckreaktion. Ich werde mir einfach genug Zeit dafür nehmen müssen, wenn es soweit ist, dann ist auch dieser »Wälzer« zu schaffen! Vor allem, wenn er so großartig bleibt (woran ich, da ich Dich kenne, und nach der Lektüre der ersten Kapitel keinerlei Zweifel habe!). Glänzend, diese verschiedenen Stimmen, die sich auch sprachlich so klar voneinander unterscheiden! Und wie es um Himmels willen bloß möglich ist, all diese Erzählstränge so ingeniös zu verflechten, ist mir ein absolutes Rätsel! Du hast Deinen Lesern (wieder!) ein großartiges Werk geschenkt, und ich kann nur hoffen, daß Du dafür auch genug gelobt wirst!!! – Übrigens würde ich mich, auch wenn ich Deine neuen Bücher inzwischen habe, doch sehr über ein zweites, von Dir in Aussicht gestelltes und mit einer Widmung versehenes Exemplar freuen!

Gutes Wiedereingewöhnen nach Eurem Urlaub, herzliche Grüße an Mirjam und Tonio (auch von Wolfgang) und alles Liebe,
Helga

Bad Segeberg, 30. Okt. 96

Lieber Adri,
bei unserer Rückkehr fand ich Dein Päckchen mit den »Exemplaren zum Lesen« von *Het Hof van Barmhartigheid* und *Onder het plaveisel het moeras* vor: Ganz herzlichen Dank!!! Ich habe *Onder het plaveisel* ... gerade in Horto ausgelesen und bin tief beeindruckt von diesem großartigen Buch – absolut phantastisch!! Und, wer weiß, werde ich es irgendwann in Horto übersetzen, das scheint mir eine gute Umgebung dafür. Vielleicht sitzt Du dann ja auch an diesem ruhigen Ort und schreibst an Band 5 oder 6 der *Zahnlosen Zeit*, und abends sitzen wir dann unten am Wasser bei Vassou (der blonden Restaurantbesitzerin, bei der Ihr letztes Jahr immer gegessen habt; sie hat sich schon erkundigt, wo Ihr dieses Jahr bloß bleibt!!!) und sprechen bei einem Glas Wein über die Dinge, für die ich beim Übersetzen noch keine Lösung gefunden habe ...

Aber vorläufig müssen wir hier bei diesem abscheulichen Wetter arbeiten. Wie steht's mit *Het ene boek* für SCHREIBHEFT???

Alles Liebe (und herzliche Grüße aus Horto!),
Helga

29. XI. 96/17.00 Uhr

Liebe Helga,
Fellinger bat mich um einen Text von 3–5 Seiten (ein Nachwort zur deutschen Übersetzung des Romans *Die Drehtür*, Anm. d. Ü.), *lieber noch länger*, der evtl. in einer Zeitung oder Zeitschrift vorab veröffentlicht werden kann.

Es ist tatsächlich ein längerer Text geworden (am Rande der Erschöpfung) – hoffentlich stört diese zusätzliche Arbeit Dich nicht bei Deiner anderen Arbeit.

Ich schicke Dir das Typoskript auch noch per Post. Strafe mich mit Faxen, falls etwas unklar ist.

An diesem Wochenende beschäftige ich mich mit *Fallende Eltern*.

Alles Liebe,
Adri

Bad Segeberg, 13. Nov. 96

Lieber Adri,
wie abgemacht, schicke ich Dir schon mal meine ersten Fragen. Es eilt nicht, fühle Dich also nicht verpflichtet, sie bei all dem Trubel und bei aller Anstrengung, die Deine Lesereise sicher mit sich bringt, sofort zu beantworten.

Ich hoffe, diese ganze Reiserei und Leserei in Belgien ist nicht zu anstrengend! Aber die Hälfte hast Du jetzt wenigstens geschafft, nicht wahr? KRAFT!!!

Alles Liebe,
Helga

S. 45 [47]: *Een door omstandigheden schatrijk geworden* ***patjepeeër*** *zal juist aan zijn weelderig gedekte dis ...*

Für »patjepeeër« gibt der zweisprachige van Dale an: Banause, Prolet. Weil diese beiden Wörter bedeutungsmäßig ziemlich unterschiedlich sind, möchte ich Dich bitten, patjepeeër für mich zu umschreiben. Was für ein Typ ist das?

[...]

S. 69 [74]: *Ten langen leste had hij de* ***moed*** *opgegeven zijn stiefzusje ooit nog voor een feest van ons te strikken.*

Wieso Mut? Ich würde meinen, daß man vielleicht Mut aufbringen muß, sie noch einmal zu *fragen*, weil man eine weitere (mürrische? schnippische?) Ablehnung befürchtet.

Aber um sie zu *becircen*, zu einem Fest zu kommen – würde man dafür nicht eher alle *Hoffnung* aufgeben? Tut mir leid, Adri, ich möchte damit natürlich nicht besserwisserisch in bezug auf *Deine* Sprache auftreten, es fiel mir nur auf, als ich den Satz übersetzen wollte und sah, daß er so in meiner Sprache nicht funktionieren würde. Hättest Du etwas dagegen, wenn ich in diesem Satz »Hoffnung« sage statt »Mut«? Oder verbirgt sich noch etwas hinter Deiner Wortwahl, was ich nicht bemerkt habe?

[...]

Amsterdam, 3. Dez. 96

Liebe Helga,
es ist noch nicht viel – betrachte es eben als Versprechen: bald mehr. Zwischen allen möglichen anderen notwendigen Dingen werde ich in den kommenden Tagen stetig daran weiterarbeiten.

Wenn eine Erläuterung von mir, mag sie auch noch so ausführlich sein, Dir noch keine Klarheit verschafft, frag dann ruhig nach.

[...]

Ganz herzliche Grüße, auch an Wolfgang
Adri

S. 45 »...patjepeeër ...« Die zwölfte Ausgabe des Grote van Dale suggeriert, daß es sich dabei um eine Zusammenziehung von »patser« (jemand, der gern prahlerisch mit seinen Errungenschaften angibt) und »plebejer« (zum Plebs gehörig; ungehobelter Mensch) handelt. Für mich drückt diese Zusammenziehung genau das aus, was ich mit dem Wort an dieser Stelle meine: Jemand, der, da er niedriger, ärmlicher Herkunft ist, immer in übertriebenem Maße mit dem prahlen wird, was er später an materiellen Gütern zusammengerafft hat.

Im Falle von Don Giovanni/Don Juan müssen wir dieses »patjepeeër« in etwas übertragenerem Sinn verstehen: Er stammt – jedenfalls laut Albert Egberts – aus dem Bereich des sexuellen Unvermögens und wird daher nach seiner »Genesung« auf übertriebene Weise mit seinen amourösen Eroberungen prahlen.

Das deutsche Wort Banause kenne ich nicht. »Prolet« für patjepeeër ist im Niederländischen ein akzeptables Synonym, scheint mir – obgleich ich es eher als Synonym für Plebejer nehmen würde, da »Prolet« das ungehobelte Auftreten und weniger das »Protzige« dieses Auftretens betont.

[...]

S. 69 »... moed ...« Du hast recht: »Hoffnung« wäre hier naheliegender gewesen. Bei »Mut« müßte man den Satz in Gedanken so ergänzen: »... (versuchen) zu becircen.« Ich bin ganz und gar einverstanden, wenn Du »moed« mit Hoffnung übersetzt.

[...]

Das Gefahrendreieck

Bad Segeberg, 6. April 99

[...]

S. 181, zweiter Absatz [201]: *Voor hun **thema's**, redactiesommen en »**Franse woordjes**« trokken ze zich terug op de zolder ... (...) Het was er taboe niet alleen voor zijn broertjes en zusjes, maar ook voor zijn moeder, en die van Albert, die nog altijd een paar dagen per week »**poetste**« bij de familie Schwantje.*

Sind »thema's« wirklich und ausschließlich, wie der zweisprachige van Dale behauptet, Übersetzungsübungen? Ich war immer der Meinung, es sind Aufsätze. Und warum stehen die »französischen Wörter« in Anführungszeichen? Was für spezielle Wörter sind das? Und warum steht auch »putzen« in Anführungszeichen?

[...]

Bis hier, lieber Adri. [...]

Ich komme langsam, aber sicher mit meiner Übersetzung voran. In einer Woche fange ich mit der dritten Fassung an, und Mitte Mai, bevor wir nach Horto fahren, muß und wird alles fertig sein. Wie ich heute zu Mirjam sagte, habe ich vor ein paar Tagen angefangen, abends, wenn ich für diesen Tag mit der Übersetzerei fertig bin, *Asbestemming* wiederzulesen. Es hat sich mir aufgedrängt, ich mußte es einfach tun; es ist unglaublich, wie viele Verbindungslinien von *Das Gefahrendreieck* zu diesem Requiem für Deinen Vater laufen! Auch ganz kleine Details wie der *Bolero*, dieses sich Jimmy Händel kurz vor seinem Tod so stark aufdrängende Musikstück, das dann während der Einäscherungszeremonie für Deinen Vater wieder auftaucht. Das Buch geht mir manchmal richtig an die Nieren, viel mehr als bei der ersten Lektüre.

[...]

Tschüs, Adri, alles Liebe, auch für Mirjam und Tonio,
Helga

Amsterdam, 9. April 99

Liebe Helga,
hier meine Antworten auf Deine drängenden Fragen – natürlich alles im Rahmen meiner eigenen Möglichkeiten. Zum Schluß noch ein persönliches Wort.

S. 181 »... **thema's** ... ›**Franse woordjes**‹ ... ›**poetste**‹...«: »Thema« hat (hatte zumindest bei uns) in der Grundschule noch eine andere Bedeutung, und die meine ich hier: einen Textblock von ungefähr einer halben Seite aus einem Buch oder einem Zeitungsartikel, zu dem dann schriftliche Fragen gestellt werden, die ebenfalls schriftlich zu beantworten sind.

Zum Beispiel: Auf Seite 23 meines Niederländisch-Schulbuchs steht ein Artikel (abgedruckt aus einer Zeitung vom Febr. 53) über die Flutkatastrophe in Zeeland und den Besuch der Königin im Katastrophengebiet. Unter dem Artikel, den der Schüler zunächst aufmerksam dreimal lesen muß, stehen einige Fragen – Fragen im Sinne von: »Im Text heißt es, daß die Königin Stiefel trug. Ist das deiner Meinung nach das normale Schuhwerk für eine Königin? Wenn der Verfasser des Artikels etwas mehr Respekt vor dem Königshaus gehabt hätte, wie hätte er diese Stiefel dann bezeichnet?«

Und dann wurde von dir erwartet, in das Heft zu schreiben: »Hohe Schuhe.« Diese Art von Aufgaben. Du verstehst, Helga, daß ich nicht immer besonders nostalgisch auf meine Jugend zurückblicke.

»Thema's« im Sinne von »Übersetzungsübungen« scheint mir hier nicht logisch, da die Jungen ja noch die Grundschule besuchen und sogar in der höchsten Klasse noch nicht weiter sind als »Papa fume une pipe«. (Selbst Französischunterricht war zu jener Zeit in der Grundschule eine ziemliche Seltenheit.) Auch als ich in der höheren Schule war, wurden Übersetzungsübungen – van Dale zum Trotz – nicht als »thema's« bezeichnet. Ebensowenig habe ich je gesehen oder gehört, daß Aufsätze als »thema's« bezeichnet wurden.

Ich denke, die »thema's«, wie ich sie gekannt habe, hießen so, weil immer ein bestimmtes »Thema« herausgegriffen wurde, das dann in den nachfolgenden Fragen weiterbehandelt wurde – wie die Würde der Königin in meinem Beispiel.

Bleibt die Frage, ob »thema's« in dieser Bedeutung in Deutschland bekannt sind und ob es ein eigenes Wort dafür gibt. Falls nicht, darfst Du Dich von mir aus an »Aufsätze« wagen. Das Wichtigste ist, daß hier eine kleine Aufzählung von Alberts und Thjums Hausaufgaben gegeben wird.

Und dann die »Franse woordjes« in Anführungszeichen ... Korrekt wäre es gewesen, wenn Thjum und Albert hier von »Frans idioom« gesprochen hätten. Um etwas von ihrem Grundschuljargon rüberzubringen, habe ich – in Anführungszeichen – aus ihrem Mund aufgezeichnet, wie sie die Französischhausaufgaben unter sich nennen.

»Poetsen« ist, wie Du weißt, ein Euphemismus für Saubermachen/Putzfrau sein. Ich zitiere das Wort sozusagen aus dem Munde der Familie Egberts. Aber wenn es ein deutsches Äquivalent für »poetsen« gibt, kannst Du die Anführungszeichen meinetwegen auch weglassen.

Also, die Anführungszeichen mußt Du so sehen. Hier ist ein nicht ganz objektiver Erzähler am Werk (der erwachsene Albert Egberts, könnte man sagen, der mit einiger Distanz *in der dritten Person* von sich selbst als Kind, Schüler und Student erzählt). Er erzählt *so objektiv wie möglich*, aber manchmal braucht er ein ursprüngliches Wort aus seiner Jugend, und das setzt er dann wie ein Zitat – gerührt oder ironisch – in Anführungszeichen.

[...]

Liebe Helga,

ich hoffe, daß Du mit diesen teils kurzgefaßten, teils etwas ausführlicheren Erläuterungen zurechtkommst.

[...]

Ich fühle mich geehrt, daß Du Dir *Asbestemming* wieder vorgenommen hast. Das Schlußkapitel dieses Requiems, jedenfalls der darin enthaltene Stoff, war mal dazu gedacht, im *Gefahrendreieck* verarbeitet zu werden, irgendwo vor der Szene mit der angezündeten Fledermaus, als Albert versucht, seinen Vater aus der Kneipe nach Hause zu locken. In einem ursprünglichen Entwurf war der kleine Albert Zeuge, wie die Schlüssel angeboten wurden, mit anderen Worten: der verkappten Prostituierung seiner Mutter durch seinen Vater. Vielleicht verstehst Du jetzt, wo Du mein Requiem noch einmal liest, daß ich das »Prostitutions«-Kapitel damals, Anfang der achtziger Jahre, nicht aus der Feder bekam.

Ich war noch zu jung dafür. Es war alles noch zu frisch. Vielleicht war es auch *zu* authentisches Material aus meinem eigenen Leben, das keine Umarbeitung in Fiktion vertrug.

[...]

Herzliche Grüße von uns dreien, auch an Wolfgang,
Adri

Die Schlacht um die Blaubrücke

Bad Segeberg, 23.3.2000

Überschrift des ersten Kapitels: ***Joyriding***

Schwierig, schwierig! Dieses englische Wort wird bei uns überhaupt nicht gebraucht, ist sogar unbekannt. Das deutsche Äquivalent lautet: Spritztour mit einem gestohlenen Fahrzeug. Unmöglich als Kapitelüberschrift. »Spritztour« allein würde mir sehr gut gefallen, nur sagt das nicht, daß die Fahrt in einem gestohlenen Auto vor sich geht. In einem Synonymenwörterbuch fand ich noch »Strolchenfahrt«, aber das wird nur in der Schweiz benutzt, ich habe das Wort noch nie gehört. Andererseits frage ich mich, wie wörtlich Du »joyriding« verwendet hast. Es geht in diesem Kapitel um Autos – die Fahrt mit Baruch D. Kirschenbaum in dessen Schlitten; um das Aufbrechen von Autos (ohne Fahrt); um die Erinnerung an eine Fahrt mit Flix in einem tatsächlich gestohlenen Auto (ein »echter« Fall von joyriding); und, vielleicht, eine etwas verfremdete Form von joyriding: das Schieben des Rollstuhls. Also: Wie wichtig ist Dir dieser Aspekt des »Fahrens in einem zu diesem Zweck gestohlenen Fahrzeug«, wie die Definition im van Dale lautet? Wenn es Dir mehr auf die Bewegung ankam (im Gegensatz zum nächsten Kapitel *Auf der Stelle treten*), dann würde *Spritztour* ja vielleicht reichen. Was meinst Du zu diesem ganzen Problem?

[…]

S. 18, dritter Absatz [19]: *De hardloper had ik inmiddels herkend als een* ***kleine handelaar*** *(…) (…) uitgevoerd door wat misschien een* ***middelgrote handelaar*** *was …*

Hast Du hier absichtlich das Wort »Dealer« vermieden? Und falls ja, warum?

S. 21, Zeile 7/8 [23]: (…) *met automatische transmissie Torqueflite en servobekrachtigde* ***kogelkringloopbesturing***.

Diese »kogelkringloopbesturing« habe ich bisher nirgends finden können. Erinnerst Du Dich noch, ob das tatsächlich ein »echter« Terminus technicus war, oder etwas, was ein Laie (vielleicht ironisierend) sich hätte ausdenken können?

[…]

Lieber Adri,

dies ist der Rest meiner Fragen zu *Die Schlacht um die Blaubrücke*. Die ersten drei Seiten habe ich Dir schon heute morgen gefaxt. Wenn Du die insgesamt sechs Seiten beantwortet hast, bist Du wieder für eine ganze Weile von meinen Fragen erlöst. Denn dann fange ich mit *Der Gerichtshof der Barmherzigkeit* an. Ist es Dir recht, wenn ich Dir alle paar Wochen ein paar Seiten mit Fragen schicke? Dann ist es für Dich nicht zuviel und für mich auch nicht, denn auch das Zusammenstellen und Formulieren der Fragen kostet mehr Zeit, als man meinen möchte.

Gerade kommt Wolfgang mit einem weiteren Fax von Dir. Herzlichen Dank, toll, daß Du so schnell reagiert hast!!!! Aber in einem Punkt muß ich Dich jetzt schon enttäuschen: Du hast nicht mehr die geringste Chance, eine Flasche Champagner von mir zu gewinnen, denn abgemacht haben wir damals (am Tag der literarischen Grachtenrundfahrt [anläßlich des Erscheinens von *Fallende Eltern* – Anm. d. Ü.]): ein Buch von weniger als

200 Seiten. *Ein* Buch!!! Du kannst Dich nicht dadurch aus der Affäre ziehen, daß Du schon wieder 2000 Seiten schreibst und sie dann auf zehn oder zwanzig schmale Bände verteilst!!!! Nicht die geringste Chance!!!!

Sehr liebe Grüße,
Helga

Amsterdam, 5. April 2000

Liebe Helga,
[...]
Jetzt werde ich Deine Fragen zur *Blaubrücke* beantworten. Später als ich geplant hatte. Ich habe eine Woche lang mit dem Publikationszeitplan (oder eigentlich mit dem »Zeitplan für die Abgabe der Manuskripte«) für die sieben Bände *Homo duplex* rumgepuzzelt. Das erwies sich als ziemlicher Brocken, den ich erheblich unterschätzt hatte. Jetzt hab ich's aber. Der erste Band erscheint im Februar 2001, der siebte und letzte (unter Vorbehalt) im Mai 2005. Ich schließe nicht völlig aus, daß zwischen Band 4 und 5 ein *kleiner* Roman erscheint (*De blauwe traan*), der nichts mit dem Zyklus zu tun hat. Du siehst, ich gebe die Hoffnung auf den Champagner noch nicht ganz auf. Aber, um fair zu bleiben: Erst bist Du an der Reihe.

Und jetzt zu *Die Schlacht um die Blaubrücke*.

S. 9 »Joyriding« (Kapitelüberschrift): (In der russischen Übersetzung ist das als einziges Wort unübersetzt geblieben, mit einer erklärenden Fußnote.) Bei Euch nicht verwendet ... Daran mußte ich denken, als ich neulich in der Zeitung von einem Fall von *joyriding* eines 14jährigen *deutschen* Jungen las, der mit einem gestohlenen Lastwagen in der Nähe von *Geldrop* eine Straßensperre durchbrochen und dabei einen *Eindhovener* Polizisten überfahren hatte. Er wurde schließlich in Deutschland gefaßt, las ich – und ich dachte: Wird das jetzt keine Kommunikationsstörungen zwischen der niederländischen und der deutschen Polizei und Justiz geben?

»Klarer Fall von joyriding.« »Nein, nein: Spritztour!« Usw.

Spritztour, scheint mir, kurz gesagt, ausgezeichnet, Helga, nach dem, was Du mir dazu erklärt hast. In der Tat habe ich »joyriding« nicht nur im wörtlichen Sinne benutzt. Es bezieht sich auf das Kapitel als ganzes, das voller Bewegung ist. (In der Tat: als Kontrast zu »Auf der Stelle treten«.) Alberts Leben ist ein Fall von »Stillstand in der Bewegung«. Er bricht Autos auf, aber anstatt in ihnen wegzufahren, macht er eine Art innerer Vergnügungsfahrt: die seines »Lebens in die Breite«.

[...]

S. 18 »... kleine handelaar ... middelgrote handelaar ...« Die Wortwahl hier (und an anderen Stellen) hängt mit Alberts Hemmungen in bezug auf den Jargon des Heroinkonsums zusammen. Siehe beispielsweise *Unterm Pflaster* Seite 316 (nach der Leerzeile) [332]: »*Pusher, dealer, scoren, dope, fix, shotje, horse, cold turkey* ... Albert haßte diese Wörter.« Usw.

Außerdem will der Erzähler in diesem Stadium der Geschichte noch das eine oder andere offenlassen. Der Leser soll noch nicht eindeutig wissen, woran er mit Albert ist. Kannst Du im Deutschen nicht eine Formulierung für »handelaar« nehmen, bei der »dealer« nicht ausgeschlossen ist? Die Tatsache, daß es sich hier um einen Racheakt handelt, deutet ja schon darauf hin, daß wir es nicht mit »normalen« Händlern zu tun haben.

S. 21, Z. 7/8: »... kogelkringloopbesturing ...« Ich verstehe wenig bis gar nichts von Autos, aber beim Schreiben der »Blauwbrug« hatte ich es mit einer Hauptfigur zu tun, die durch das Aufbrechen und Ausrauben von Autos ganz von selbst großes Wissen darüber erwirbt. Ich hatte ein paar Kataloge über die (damals, Anfang der achtziger Jahre) neuesten Modelle rangeschleppt. Die Kataloge habe ich nicht mehr zur Hand, aber ich weiß genau, daß ich u. a. »kogelkringloopbesturing« wörtlich daraus zitiert habe. Jetzt, wo ich das Wort, von Dir darauf aufmerksam gemacht, wiedersehe, kommt es mir wie ein etwas zu wörtlich aus dem Urtext übersetzter Begriff für eine Gebrauchsanweisung vor. Ich kann mir nur vorstellen, daß hier »kogellagerbesturing« gemeint ist. Geh mal davon aus.

Ich fand damals einfach, daß »kogelkringloopbesturing« aus dem Mund eines Autoknackers herrlich *snobbish* klingt.

[...]

Morgen mehr. Herzliche Grüße und alles Liebe,

Adri

Der Gerichtshof der Barmherzigkeit

Bad Segeberg, 6. 7. 2000

[...]

S. 57, Mitte 2. Absatz [51]: *De vent, die bijna twintig jaar lang onbaatzuchtig en zonder een* ***celletje*** *rente zijn zaad heeft gestort, laat zich gedwee ...*

Man würde doch eigentlich etwas erwarten im Stil von: ohne einen Cent an Zinsen. Ist »celletje rente« eine Anspielung auf die biologische Zelle, d. h. auf das Kind, das dieser Typ trotz der Tatsache, daß er zwanzig Jahre lang seinen Samen vergossen hat, einfach nicht zeugen konnte?

[...]

S. 79, Z. 3 v. u. [76] und S. 80 [77] (wiederholt): ***Mama.*** Warum spricht Hennies Sohn seine Mutter in der dritten Person an? Ist er ein bißchen zurückgeblieben oder aber besonders gewitzt? Ist es provozierend, triezend?

S. 89, Z. 9/10 v. u. [85]: *Nadat de Duitsers uit het huis verdreven waren, vestigde er zich een half* ***eskadron*** *Canadezen. Terwijl haar ouders in de* ***schuur*** *aan het werk waren, brachten …*

Eine »eskadron« ist dem einsprachigen van Dale zufolge

1. eine Reiterabteilung, taktische Einheit, bestehend aus zwei oder vier Zügen unter Befehl eines Rittmeisters, ungefähr 150 Mann;
2. ein Panzerverband.

Ich gehe davon aus, daß wir es hier nicht mit einer Reiterabteilung zu tun haben, sondern mit einem Panzerverband. Leider sagt van Dale nicht, wie groß eine solche »eskadron« Panzer ist. Hast Du eine Vorstellung davon? Ich müßte das so in etwa wissen, dann kann mein Vater mir den korrekten militärischen Begriff auf deutsch sagen.

Nun zum »schuur«. Um den in diesem Kontext richtig übersetzen zu können, müßte ich auch hier wissen, wie groß er ungefähr ist. Wir haben im Deutschen für »schuur« nämlich entweder »Schuppen« (einen nicht allzu großen Raum zur Aufbewahrung von Brennholz, Gartengeräten usw.) oder »Scheune«, und das ist dann ein deutlich größeres Ding (kann sogar größer als ein Haus sein), für Heu oder für Tiere oder für große Landmaschinen o. ä. Weil Hennies Eltern Gärtner waren, handelt es sich bei Deinem »schuur« vielleicht eher um die zweite Kategorie? Aber waren sie denn damals schon (während des Krieges) Gärtner?

[…]

S. 188, dritte Zeile [187]: *›Ah, dan bent u de filosoof.* ***Met een hamer****, mag ik hopen. Baartscheer, aangenaam.‹*

Mit einem Hammer, das verstehe ich nicht. Der einsprachige van Dale führt als Redensart an: »Der Mann mit dem Hammer = Übermüdung bzw. moralisches Tief (v. a. bei Athleten, Radrennfahrern und Piloten)«, aber das macht mich leider auch nicht schlauer.

[…]

Lieber Adri,
dies sind meine Fragen – aber damit ist jetzt auch schon ein Drittel von *Der Gerichtshof der Barmherzigkeit* geschafft! Ich hörte von Mirjam, daß Du tief in der Arbeit steckst, und ich störe Dich wirklich nur höchst ungern. Andererseits freut es Dich aber vielleicht auch, wenn Du hörst, daß ich schon so weit bin und noch immer mit großem Vergnügen an der Übersetzung arbeite. Sobald ich Deine Antworten in die Übersetzung eingearbeitet habe, schicke ich diesen ersten Teil schon mal an Suhrkamp und mache dann gleich weiter. Wahrscheinlich werde ich auch einen Teil meines Urlaubs in Horto am *Gerichtshof* weiterarbeiten ... [...] Du machst dieses Jahr gar keinen Urlaub, hörte ich von Mirjam, sondern arbeitest fleißig an *Movo* weiter. Kommst Du gut voran? Und kann ich Dich jetzt schon im Internet bewundern? Sag mir bitte die Adresse, wenn es soweit ist.

Ganz vielen Dank schon im voraus, Adri, und sorry, daß ich Dich störe!
Alles Liebe und viel Erfolg mit Deinem Buch,
Helga

Amsterdam, 19. Juli 2000

Liebe Helga,
heute morgen habe ich Mirjam und Tonio und den alten Natan verabschiedet. Sie sind jetzt mit dem Auto auf dem Weg nach Lugano – auf der Schweizer Seite, wo Mirjam als Mädchen die Ferien mit ihren Eltern verbracht hat. Am 4. August kommen sie zurück. Ich bin also 2 ? Wochen auf mich allein gestellt und *muß* hart arbeiten, sonst hätte es ja keinen Sinn, daß ich meine Familie fortgeschickt habe.

Als Dein Fax kam (6. Juli), steckte ich gerade in einer

Phase meiner Arbeit, in der es von Nachteil gewesen wäre, die Sache zu unterbrechen. Jetzt habe ich das gesamte (teils endgultige, teils noch rohe) Material für *Moeilijke voeten* beisammen und kann mit dem »Zusammenbauen« anfangen. Das soll zu einer lesbaren vorläufigen Fassung führen, die ich Ende August abliefern will, wonach mir noch 2 ? Monate bleiben, um ganze Textteile umzuschreiben. Mitte November muß der endgültige Text vorliegen. Veröffentlichung: Mitte Februar 2001. Und das ist dann erst Homo duplex 1.

Also, Helga, jetzt oder nie: Bevor ich das »Zusammenbauen« in Angriff nehme, werde ich jetzt Deine Fragen beantworten.

[...]

S. 57/Mitte 2. Abs.: »... **celletje** ...« Du hast es ganz richtig verstanden. Zelle anstatt Cent. Das Wortspiel steckt auch in diesem »storten« (dt.: stürzen, schütten, kippen; einzahlen, überweisen. Anm. d. Ü.). Man »stort« auch Geld auf das eigene Konto, wonach man berechtigterweise Zinsen erwarten kann. Dieser italienische Herr »stort« uneigennützig, ohne eine Zelle (in Gestalt einer sich bildenden Frucht) dafür zurückzukriegen.

[...]

S. 79/Z. 3 v. u. + S. 80: »... **mama** ...« Das ist wohl etwas typisch Niederländisches (und Niederländisch-Provinzielles). Ich habe als Kind meine Mutter auch so angesprochen: »Ist Mama nicht müde?« »Um wieviel Uhr kommt Mama nach Hause?« Usw. Ich dachte immer, das sei etwas Brabantisches, bis ich mich in den Mordfall vertiefte, den ich hier zum Fall Hennie A. verarbeitet habe. Ich stieß im Verhandlungsprotokoll auf einen Dialog zwischen Mutter und Sohn, in dem der Sohn seine Mutter in der direkten Rede mit »Mama« ansprach. Das kam mir sehr authentisch vor. Ich habe dankbar Gebrauch davon gemacht.

Aber im Deutschen gibt es das offenbar nicht. Vielleicht solltest Du es doch so lassen. Wer weiß, vielleicht bekommt es im Deutschen etwas Faszinierendes oder Geheimnisvolles.

Mit zurückgeblieben oder gewitzt hat es jedenfalls nichts zu tun. Und provozierend oder triezend ist es auch nicht.

S. 89/Z. 9/10 v. u.: »... **eskadron** ... **schuur** ...«

Dieses »halve eskadron« habe ich aus der Dokumentation über den Mordfall (das psychiatrische Gutachten über die Angeklagte), aber darin wird nichts über die Mannschaftsstärke gesagt. Nach meiner Schätzung handelt es sich hier um einen Zug Panzerleute. (Zwei Züge zusammen können eine ganze »eskadron« bilden.) Präziser kann ich es Dir leider nicht sagen.

»Schuur«. Ja, geh ruhig davon aus, daß die Eltern schon während des Krieges Gärtner waren. (Irgendwo wird, glaube ich, erwähnt, daß der Vater die deutschen Besatzer hinters Licht führt, was seine Produktion angeht.) Die Art »schuur«, die ich hier meine, ist groß, ist also eine Scheune.

[...]

Rest folgt sehr bald. Alles Liebe,

Adri

Amsterdam, 22. Juli 2000

Liebe Helga,

ich mache weiter mit der Beantwortung Deiner Fragen. Ich dachte, ich sei auf der Hälfte, aber ich habe ja schon 3/5 geschafft.

[...]

S. 188/3. Z.: »... **Met een hamer** ...« Beiname für Nietzsche: Der Philosoph mit dem Hammer. Hat sich selbst so beschrieben. Vor seinem Zusammenbruch (1889) schrieb er ein Buch: *Götzen-Dämmerung* »oder Wie man mit dem Hammer philosophiert«.

Nietzsche hat sich immer (zu Unrecht) großer Beliebtheit unter faschistoiden Falsch-Verstehern erfreut, die seine Äußerungen in ihrem Sinne verbogen. Deshalb äußert der Neofaschist Baartscheer Albert gegenüber die Hoffnung, er habe es hier mit einem »Philosophen mit einem Hammer« zu tun – einem Nietzsche-ähnlichen Philosophen also, der sich für seine, Baartscheers, Absichten als nützlich erweisen könnte.

(Ob das Erscheinen des »Mannes mit dem Hammer«, wie es auch bei einem Alkoholkater auftritt, auch etwas mit Nietzsches Zusammenbruch zu tun hat, ist mir nicht bekannt.)

[...]

Liebe Helga,

wir haben inzwischen den 23. Juli, was bedeutet, daß es heute genau zwanzig Jahre her ist, daß ich den »23. Juli 1980« als entscheidendes Datum für *Die zahnlose Zeit* wählte. (Siehe den Schlußteil von *Die Schlacht* ... und die Schlußkapitel von *Unterm Pflaster* ...) Von Ende Juni an hatte es in dem Jahr geregnet; der 23. Juli war der erste richtige Sommertag. Ich kannte Mirjam acht Monate, sie wohnte noch bei ihren Eltern, zu denen ich am Nachmittag auf dem Weg war, weil sie mich zum Essen eingeladen hatten. Euphorisch (ich hatte an dem Tag an *Fallende Eltern* gearbeitet) ging ich in vollem Sonnenschein durch die De Lairessestraat. Wo sie in die Corn. Krusemanstraat übergeht, blieb ich plötzlich stehen: Ich wußte es. Ich würde diesen Tag, den 23. Juli '80, als Erzählstandpunkt für Die zahnlose Zeit nehmen. Albert Egberts würde von diesem Tag aus auf den Königinnentag 1980 zurückblicken und von dort weiter auf seine Jugend.

Mirjam ißt heute abend mit ihrem Vater in einem Hotel in Lugano. Ich bin von ihrer Mutter gemeinsam mit meinem Bruder und meiner Schwägerin heute abend zum Grillen eingeladen. Zufall. Heute abend werde ich enthüllen, welchen Tages ich heute gedenke.

Der Gedanke ist schön, daß »dieser Tag« auch ins Deutsche übersetzt wird. Helga, ich danke Dir für all Deine Mühen.

(Nein, im Internet bin ich noch nicht zu bewundern. Lidewijde arbeitet an einer Website mit u. a. einem Quiz zur *Zahnlosen Zeit*).

Herzlich, alles Liebe,
Adri

Unterm Pflaster der Sumpf

Bad Segeberg, 23. April 2002

Lieber Adri,
zuallererst dies: Ich hoffe, daß es Dir inzwischen viel, viel besser geht! Von Mirjam hörte ich letzte Woche, daß Du wieder vorsichtig zu arbeiten beginnst. Eine gute Nachricht! Das gibt mir die Hoffnung, mit der Zusammenstellung meiner Fragen zu *Unterm Pflaster der Sumpf* anzufangen. Das soll Dich aber keinesfalls in Verzweiflung stürzen – so im Sinne von: Endlich fange ich an, meine eigene Arbeit wieder aufzunehmen, und was passiert? Helga wieder mit ihren Fragen! Der Gedanke ist eher (von meiner Seite aus gesehen): Ich bin den ganzen Mai über in Griechenland, wo ich natürlich auch einfach weiterarbeite; wenn ich wieder zurück bin, kommen die beiden letzten Phasen: alles noch einmal sehr gründlich durchgehen, wenn möglich die Antworten des Autors auf meine Fragen gleich einarbeiten, und danach, Phase zwei: alle Änderungen in den Computer eingeben [...]. Es wäre für mich also wunderbar, wenn Du meine Fragen bis Ende Mai fertig hättest. Wunderbar, aber nicht absolut notwendig, denn ich will Dich natürlich nicht bei Deiner eigenen Arbeit stören, vor allem

jetzt, wo Du endlich selbst wieder loslegen kannst. Wie Du weißt, kann ich Deine Antworten notfalls auch noch zu einem späteren Zeitpunkt einarbeiten. Ich habe übrigens festgestellt, daß es viel weniger Fragen sind als früher – dank Internet!

[...]

S. 407, Z. 7 v. u. [429]: *Hoe ging die mop ook weer over dat* ***staafje ijsbeer****?*

Ja, Adri, das wüßte ich auch gern, los, erzähl! Um diesen Satz richtig übersetzen zu können, müßte ich erst wissen, worum es geht, worauf sich der Witz bezieht.

[...]

S. 469, Z. 6/7 v. u. [495]: *Wij zijn opgegroeid, grootgebracht met de god* ***Nahweh*** *in ons midden ... onder de stralende zon van het Optimisme ...*

Der Gott Nahweh löst natürlich sofort Assoziationen mit dem Gott Jahwe aus. Aber dann? Worauf bezieht sich dieses Wortspiel????

[...]

S. 513 [539].

Äußerungen in dem Gespräch mit Gidi sind wortwörtlich die gleichen wie im *Gerichtshof der Barmherzigkeit* ab S. 367; nur begründet er da Thjum gegenüber seine Gotteslästerungen. Warum diese Wiederholung?

S. 533, Überschrift [559]: ***Minnenijd***

Ist »minnenijd« genau dasselbe wie »jaloezie« (dt.: Eifersucht. Anm. d. Ü.), oder hat es noch eine andere Bedeutung/Dimension/Konnotation? Das Wort kommt auf S. 534 [560], letzte Zeile, noch einmal vor. Ich habe daran gedacht, es wörtlich zu übersetzen, auch wenn Minneneid in keinem Wörterbuch steht. Aber wir kennen natürlich das Wort Minne, und ich denke, daß die Bedeutung klar genug ist. Minneneid, ein sehr schönes Wort.

[...]

S. 744, letzter Absatz [787]: *Hij zag, verstrooid Danny strelend, donkere vrouwen voor zich,* ***hun leest kantelend*** *rond de afdruk van de* ***pit*** *die daar was weggenomen.*

»Pit« kann auf deutsch eine ganze Menge verschiedener Dinge sein, also müßte ich wissen, welches Bild Dir dabei vor Augen stand: »pit« wie der Docht einer Kerze? (Oder »pit« als Kern eines Apfels????) Und weiter: »hun leest kantelend rond de afdruk van de pit.« Wie muß ich mir das vorstellen?????

Lieber Adri, das war der Rest meiner Fragen. Jetzt, wo die Übersetzung fertig ist, melde ich dem Autor: Auftrag erfüllt. Dir wünsche ich sehr viel Kraft für die Vollendung Deines neuen großen Buches/Deiner neuen großen Bücher!!!!!

Ganz vielen Dank schon im voraus für alle Deine Mühe im Zusammenhang mit der Beantwortung meiner Fragen

und alles Liebe, auch für Mirjam,

Helga

St. Gerlach, 8./9./10. Aug. 02

Liebe Helga,

[…]

S. 407/Z. 7 v. u.: »… **staafje ijsbeer** …« – Witzig ist dieser Witz nicht, ich warne Dich. Er stammt aus einer Zeit (sechziger Jahre), als wir uns gegenseitig absurde Rätsel aufgaben.

»Es ist grün und ißt Stein …«

»Der kleine grüne Steinfresser.«

Und jetzt gleich zum Eisbär:

»Es ist kalt und weiß, und es steht in einem Glas mit Wasser.«

»Ein Eisbärlutscher.«

Sehr blöd, sehr albern, aber für Lotsapoppa liefert er offenbar genau das Bild für sein Eingefrorensein in der Gegenwart.

Kannst Du es nicht einfach wörtlich übersetzen? Es ist doch nicht schlimm, wenn der Leser nicht den ganzen »Witz« kennenlernt – der wird höchstens suggeriert.

[...]

S. 469/Z. 6/7 v. u.: »Nahweh ...« – Ein Wortspiel, ja – mit dem Gott Jahwe und dem Wort Nachweh (von Nachwehen, wie eine gebärende Frau sie haben kann, aber auch die Weltgeschichte). Der Erzähler meint damit, daß die Angehörigen seiner eigenen Generation die wahre Geschichte, die des Zweiten Weltkriegs, nicht gekannt haben: Sie sind mit den Nachwehen dieses Krieges aufgewachsen, »mit dem Gott Nahweh«. Kommst Du mit *der Gott Nachweh* weiter? Darin klingt Jahwe, scheint mir, noch genügend an.

Ist es nicht so, daß im Deutschen Nachwehen nur im Plural vorkommen? (Ich habe hier leider kein deutsches Wörterbuch bei mir.) Im Niederländischen auch im Singular.

In »der strahlenden Sonne des Optimismus« hattest Du natürlich den Wiederaufbau der fünfziger Jahre erkannt.

[...]

S. 513 – Ja, da weist Du mich auf etwas hin, womit ich im nachhinein, nach diesen mittlerweile sechs Jahren, gar nicht so glücklich bin. Ich fand diese Passage offenbar so wichtig, daß ich ihr – über viele Seiten hinweg – nach Thjums Tod ein lautes Echo geben wollte, und zwar im Gespräch mit dessen Bruder Gidi.

Eine Art Refrain in Prosa.

Aber die beiden Passagen überlappen sich zu stark – bei näherer Betrachtung. Ich hätte mich lieber für eine Variante entscheiden sollen anstatt für eine Wiederholung.

Natürlich stehen die beiden Passagen in einem jeweils anderen Kontext und wirken damit unterschiedlich, aber trotzdem – sie hätten auch unterschiedlicher *klingen* müssen. Ich wollte im nachhinein, man hätte mich bei Querido darauf hingewiesen – mein Lektor und die Korrektoren –, daß ich lieber andere Formulierungen wählen sollte.

Ich hielte es nicht für falsch, wenn Du Raimund Fellinger [Suhrkamp Verlag] auf diese zu auffällige Übereinstimmung hinweisen würdest. Er hat mir schon mal vorgeschlagen, eine von zwei Passagen aus *Anwalt der Hähne*, die sich zu ähnlich waren, zu streichen. Vielleicht hat er auch in diesem Fall, mit dem Blick eines Menschen, der den Text zum erstenmal liest, eine Lösung.

Was meinst du?

[...]

S. 533/Überschrift: **Minnenijd** – Ich denke, Du hast mit Deinem wunderbaren *Minneneid* die Lösung bereits selbst genannt. Auch im Niederländischen ist es im übrigen ein Wort, das Du selten finden wirst. (Veraltet.) Es ist verwandt mit »minnepijn«, »minnesmart«, »minnezang« usw. Ja, es bedeutet Eifersucht, aber ausschließlich in Liebesangelegenheiten. Und dieses »nijd« deutet darauf hin, daß es sich nicht nur um einen kleinen Stich der Eifersucht in der Herzgegend handelt; es ist totaler ...

[...]

S. 744/letzter Absatz: »... **hun leest kantelend ... de pit** ...« – »Pit« ist hier aufzufassen als (kleiner) Kern einer Frucht – hier verwendet als Metapher für die Klitoris und ihren Platz in der Vulva. Es handelt sich hier um den »Phantomgenuß« einer beschnittenen Frau; bei der von der Klitoris/dem Kern nur noch ein *Abdruck* übrig ist, ein Negativ, wenn Du willst.

»Leest« ist hier verwendet in der Bedeutung von »Körper, Taille«. Gerard Reve spricht in seinen Büchern oft von »jongensleest« und meint dann den ganzen »scharnierenden« Bereich von Hintern, Hüften, Taille.

Van Dale (13. Aufl.) führt das Beispiel an »den Arm um jds. Leiste legen« – gemeint ist dann der Körper, insbesondere die Taille.

Zurück zu der imaginären Schwarzen aus Ernst Quispels Vision: Sie windet sich mit ihrem ganzen Körper unter dem Einfluß des (unmöglichen) Phantomgenusses und kreist dabei mit ihrer Leiste (= der Gesamtheit von Hüften, Hintern, Taille; dem Becken) um den Abdruck des (herausgeschnittenen) Kerns. Es handelt sich hier also um eine Bewegung, die Genuß ausdrückt.

Ich komme mir vor wie ein Akrobatiklehrer.

So, liebe Helga, das war's, was ich zu Deinen Fragen zu sagen hatte. Bei Unklarheiten und Unvollständigkeiten darfst Du mich natürlich weiter fragen – über Mirjam, denn ich habe mich nach der Rückkehr aus dem Urlaub Hals über Kopf wieder ins ehemalige Kloster St. Gerlach bei Maastricht zurückgezogen. [...]

Ich habe bereits versucht, Dir mit Hilfe von Mirjam für die gewaltige Arbeit zu danken, die 3 a+b für Dich gewesen sein muß, aber: Wie soll ich die richtigen Worte für eine Arbeit finden, die so viele Wörter beinhaltet? Du kannst daraus ersehen, daß meine Bewunderung sehr groß ist – bei dieser Feststellung lasse ich es dann bewenden.

Du weißt, daß ich volles Verständnis für Dein Zögern in bezug auf »Homo duplex« habe (ein Zögern, das in *Schreibheft* nicht zu merken sein wird), aber ich hoffe dennoch, daß unsere Zusammenarbeit mit dem Erscheinen von *Die zahnlose Zeit* 3 a+b nicht zu Ende ist. Es ist nicht nur so, daß noch kleinere Arbeiten (*Sandwich*, *Asbestemming*, *Een gondel ...*) unübersetzt sind, sondern ich werde zwischen den einzelnen »Homo duplex«-Bänden auch noch kleinere Arbeiten schreiben. Du wirst sehen, wir sind noch nicht voneinander los ...

Einstweilen: ganz vielen Dank, ganz viel Liebes; Grüße an Wolfgang – dies alles auch in Mirjams Namen,
Adri

Jan Brands / Anthony Mertens

Gruppenporträt

Wer ist wer in »Die zahnlose Zeit«?

Einführung

Mit der Vollendung des lang erwarteten Teils 3 – *Der Gerichtshof der Barmherzigkeit* und *Unterm Pflaster der Sumpf* – hat A.F.Th. van der Heijden seinen Romanzyklus *Die zahnlose Zeit* abgeschlossen. Der Leser des gesamten Zyklus wird auch nach der Lektüre von Band 3 feststellen, daß van der Heijden mit einem »Masterplan« gearbeitet hat. Es ist zum Beispiel frappierend, in welchem Ausmaß im Prolog des Zyklus, *Die Schlacht um die Blaubrücke*, detaillierte Informationen gegeben werden, deren ganze Tragweite und Bedeutung erst ersichtlich werden, wenn man *Unterm Pflaster der Sumpf* liest.

Ein solcher Plan nötigt Bewunderung ab: Es ist nur wenigen Schriftstellern gegeben, so viele Erzählstränge, verteilt über dreitausend Seiten, im Griff zu behalten. Man könnte allenfalls an den Anton-Wachter-Zyklus des niederländischen Landsmanns Simon Vestdijk denken oder – noch weiter zurück in der Literaturgeschichte – an Balzacs monumentale *La comédie humaine* mit ihren mehr als zweitausend Figuren. Doch in stärkerem Maße als diese Zyklen verfügt *Die zahnlose Zeit* über einen thematischen Zusammenhang eng miteinander verflochtener Erzählstränge. In dieser Hinsicht ist ein Vergleich mit Marcel Prousts majestätischem *roman fleuve Auf der Suche nach der verlorenen Zeit* treffender: Der Autor ist ein wahrer Gedächtniskünstler, der mit großer Geschmeidigkeit die Zeitebenen wechselt.

Obwohl die Geschichten in den einzelnen Romanen

aufeinander verweisen, sich überschneiden, einander beeinflussen, ist es dem Autor in erstaunlicher Weise – nicht zuletzt dank seiner listigen Erzähltechnik – gelungen, jedem einzelnen Band einen eigenen Charakter zu geben. Daher läßt sich auch jeder Teil des Zyklus als eigenständiger Roman lesen.

Gruppenporträt wurde für die Leser zusammengestellt, die die Romane van der Heijdens verfolgt und Teil 3 sehnsüchtig erwartet haben. Vielleicht werden bei ihnen während der Lektüre dieser beiden neuen Romane Erinnerungen an Passagen aus den früheren Bänden wach. Die dabei nicht selten auftretenden Gedächtnislücken (»Wie hieß ... noch gleich, was passierte da eigentlich genau, als ...«) könnten sich mit diesem schmalen Band füllen lassen. Lesern, die über Band 3 erstmals Bekanntschaft mit dem Zyklus schließen – und jeder Band ist als Einstieg geeignet –, könnte *Gruppenporträt* nützliche Hintergrundinformationen liefern.

Das Kapitel »Das Dossier« gibt eine Übersicht über alle in *Die zahnlose Zeit* auftretenden Personen, in alphabetischer Reihenfolge, versehen mit einer kurzen Beschreibung der jeweiligen Rolle und einem Verweis auf die Passagen, in denen die betreffende Figur die Bühne betritt. In dem Kapitel »Ein Leben in die Länge« ist alles auf eine einzige, wenngleich die wichtigste Figur fokussiert: Albert Egberts, dessen Lebenslauf hier Jahr für Jahr, Monat für Monat und manchmal sogar Tag für Tag skizziert wird. So erhalten wir das prosaische Bild einer Chronik – fern der poetischen Augenblicke des Lebens in die Breite, die in den Romanen dem Dasein Glanz verleihen. Drei Schauplätze spielen in *Die zahnlose Zeit* eine eminente Rolle: Geldrop, Nimwegen und Amsterdam. Wir drucken die Stadtpläne als quasi-realistische Illustration der Romanwelt ab, die in den Büchern van der Heijdens geschildert wird und nur in sehr beschränktem Maße Ähnlichkeit mit der realen Welt aufweist. Schließlich haben wir es in dem Zyklus mit Fiktion zu tun, mit den ihr eigenen Gesetzen und der ihr eigenen Logik. Das hat auch Konsequenzen für die Zusammenstellung dieses Buches. Viele Fakten sind den Erzählungen der Romanfiguren entnommen. Dadurch ergeben sich Abweichungen, wenn mehrere Figuren die gleiche Geschichte erzählen. Van der Heijden spielt bewußt mit solchen Differenzen, indem er beispielsweise den Autor Patrick Gossaert einführt, der Albert Egberts Erzählungen aufzeichnet und mythologisiert. So entsteht Fiktion innerhalb der Fiktion, wobei sich Patrick Gossaert und Albert Egberts jeweils an ihre eigenen Fakten halten. Ein Vademecum wie *Gruppenporträt* kann es nicht aufnehmen mit den Listen des Erzählers, der die jeweiligen Welten seiner Figuren gegeneinander ausspielt. Aus diesem Grund ist eine gewisse Vorsicht in bezug auf die hier gebotenen Informationen am Platz. Die Fakten lassen sich mit Hilfe der Verweise auf die Passagen in den einzelnen Romanen auf ihren Wahrheitsgehalt überprüfen. Dabei haben wir Buchstaben und Ziffern verwendet. Die Buchstaben geben an, um welches Buch es sich handelt:

S Die Schlacht um die Blaubrücke
F Fallende Eltern
G Das Gefahrendreieck
W Der Widerborst
B Der Gerichtshof der Barmherzigkeit
P Unterm Pflaster der Sumpf
A Der Anwalt der Hähne

Die Zahlen verweisen auf die Seite des jeweiligen Romans. In Absprache mit dem Autor haben wir bei inkonsequenter Schreibweise einiger Namen eine Vereinheitlichung vorgenommen.

Amsterdam, Juni 1996

»ACHMED« Junger Marokkaner, der am Vorabend von Albert Egberts' »Schneenacht« (21./22. September 1977, siehe dazu in diesem Band S. 151-152) im *Bierenbroodspot* gedemütigt wird (B 548-555).

AGNES Das Mädchen, in das sich Albert Egberts eines Abends im Februar 1976 im *De Tempelier* in Nimwegen verliebt. Ihre Eskapaden in den Wochen danach werden Albert lästig (F 156-159).

AGRICOLA In den sechziger Jahren Polizist im Geldroper Stadtteil Braakhuizen-Noord. Er wird – vergeblich – gebeten einzugreifen, als Albert Egberts sen. Amok läuft (G 155).

AÏDA Frühere Katze von → ZWANET VRAUWDEUNT (B 270).

ALI Deckname des Türken, der in Wirklichkeit Murat heißt (S 68), der Zeitung *Het Devies* zufolge jedoch Sükrü T. (P 575). Ali wohnte lange Zeit in West-Berlin. Albert Egberts lernt ihn im September 1977 im Verlaufe der »Schneenacht« kennen (B 645-650). Ali ist Drogendealer und Alberts Pusher (P 60-68, 75). Er wird Anfang 1980 verhaftet (P 573).

ALICE Albert Egberts' Freundin während der Ferien 1969 im belgischen Mol (G 265-266).

AMANDEL, MR. Präsident des Arnheimer Gerichts zur Zeit des Prozesses gegen → HENNIE AVEZAATH (B 435). Meester Amandel ist zugleich Vorsitzender des Zentralen Beirats für das Gefängniswesen (B 435-436). Er züchtet Orchideen (B 435-436).

AMANDSBERG, ODILE Entfernte Bekannte von Ernst Quispel aus dessen Studentenzeit (P 398). Odile steht in den Sommermonaten 1977 in der Discothek *Dogshit City* hinter der Bar (P 368). Sie lädt Albert Egberts im Januar 1979 zum Essen zu sich nach Hause in der Binnen Oranjestraat ein (P 369). Bei dieser Gelegenheit verführt sie ihn (P 373-376). Ernst Quispel begegnet ihr Mitte der achtziger Jahre wieder, in einer Buchhandlung am Damrak in Amsterdam (A 196-198). Da arbeitet Odile beim Landgericht in Haarlem.

AMMECH So nennt Ernst Quispel → MARGERIE ZWERCKS (P 397).

ANEETMAN Wohnt in der »Scheißschtriet« im Geldroper Stadteil Hulst, in dem Albert Egberts ab 1953 seine Kindheit verbringt (G 53, 63). Die Familie Aneetman genießt einen schlechten Ruf: Mutter Aneetman soll es mit einem Untermieter getrieben haben (G 80).

AQUINO, MR. Anwalt von → HENNIE AVEZAATH (B 220).

ARCHIBALD Bekannter von Flix Boezaardt in Ateliers 63. Archibald verhilft Flix Anfang 1977 zu einer Wohnung in der van Ostadestraat im Amsterdamer Viertel De Pijp (B 300-301, 343).

ARIE, ONKEL Betagter Kneipenbesucher, von den Stammgästen betrunken auf den Billardtisch gelegt und wie ein Toter aufgebahrt. Am 30. April 1980 beobachtet Albert Egberts diese Szene in einem Lokal in der Jan Pieter Heijestraat in Amsterdam (B 16).

ARNOLDA »Nolleke«, Schwester im St.-Anna-Krankenhaus in Geldrop, wo Alberts Mutter am 29. April 1960 operiert wird (F 341) und Albert sen. sich Anfang der sechziger Jahre einer Kur unterzieht, um von seiner Alkoholsucht loszukommen (G 241).

ARNOLDA Dem religiösen Wahn verfallene Schwester in der Grundschule von → HENNIE AVEZAATH (B 118, 121).

AURELIO, DON Beichtvater von → GESÙ PORPORÀ (B 180).

AUTARCHINA Frau, die eine Kontaktanzeige aufgibt, auf die Ernst Quispel antwortet (A 189-195). Ernst begegnet ihr im April 1985 zufällig in der Lounge des *Sonesta Hotels* (A 468–469).

AVEZAATH, HENNIE Geboren am 14. März 1932, überlebende Hälfte eines Zwillingspaars (B 236, 367). Als Kind wird Hennie wegen ihrer Größe und Magerkeit »Lange Bohnenstange« genannt (B 367). Nach zwei Jahren Haushaltsschule beginnt sie, in der Gärtnerei ihres Vaters zu arbeiten. Mit siebzehn wird sie Verkäuferin in einem Nimwegener Hutgeschäft. Hennie entwickelt ein künstlerisches Interesse und nimmt Musikstunden (B 288-291). Nachdem sie einige Zeit als Kaffeefräulein im Rathaus von Lummel gearbeitet hat, putzt sie in verschiedenen Haushalten. Nach der Heirat mit → WIM PLAGGEMARS wohnt das junge Paar bei Hennies Eltern (B 308-309). Ihrer Ehe entspringen fünf Kinder.

Hennie Avezaath soll 1962 ihren Vater ermordet haben. 1965 wird sein Leichnam exhumiert, da man eine unnatürliche Todesursache vermutet. Hennie wird verhört, kann aber nicht überführt werden (B 145, 310). 1968 lernt Hennie den

Heiratsschwindler → COR COSTER kennen; sie verliebt sich in ihn und beginnt ein heimliches Verhältnis. Damit wird er sie erpressen, sobald sie die Beziehung abgebrochen hat (B 283-288). Auch der Mord an ihrer Mutter 1972 wird Hennie zur Last gelegt (B 195). Der Prozeß gegen sie findet am »Gerichtshof der Barmherzigkeit« in Arnheim statt. Albert Egberts wohnt dem Prozeß teilweise bei (B 364-369, 425). Nach ihrer Verurteilung kommt Hennie ins Rotterdamer Frauengefängnis (B 71-73). 1973 wird sie in einem Berufungsverfahren zu zwölf Jahren Haft verurteilt (B 439).

Anfang 1978 wird Hennie in den Frauenturm des Gefängnisses Bijlmermeer in Amsterdam verlegt (P 314). Im September 1979 reicht sie ein Gnadengesuch an die Königin ein (P 463-466), das sie später wieder zurückzieht (P 608). Im Januar 1980 nimmt Hennie Einblick in ein Gutachten, das ein Team der Psychiatrischen Beobachtungsklinik erstellt hat. Sie wird aus der psychiatrischen Behandlung entlassen (P 563, 565). Am 30. April 1980 wird sie freigelassen (P 608); sie legt ein nachträgliches »Geständnis« ab (P 631-632). Albert begegnet ihr an diesem Tag zufällig in der Brederodestraat in Amsterdam (B 22-23). Hennie, mittlerweile »Els Korstanje«, arbeitet im Juli 1980 als Assistentin im Öffentlichen Lesesaal an der Prinsengracht (P 641).

AVEZAATH, PIETER Vater von Hennie, 1962 unter verdächtigen Umständen ums Leben gekommen (B 145-146, 340-341).

BAARTSCHEER, AREND-JAN Spitzname Streepje, alias Johann (P 699). Albert Egberts lernt ihn 1971 in einer Kneipe in der Tweede van der Helststraat in Amsterdam kennen, einen breitschultrigen, aber mageren jungen Mann mit langen Haaren und Brille, bekleidet mit einem Batikkittel und gerade zurück von einer Indienreise (F 167). Später wird Albert sich an diese Begegnung erinnern, obgleich er Baartscheers Namen inzwischen vergessen hat (B 188). Immerhin weiß er noch, daß der Mann schon damals ein Dunkelmann mit äußerst fragwürdigen Theorien war (B 189).

Albert läuft Baartscheer erneut am 4. Oktober 1976 in die Arme, als er seine Schwester Mariëtte im Happy Holland Hotel besucht (B 186). Baartscheer ist Gemeinschaftskundelehrer und Kollege von Alberts Schwester. Äußerlich hat er sich seit Alberts erster Begegnung mit ihm stark verändert.

Vor Albert steht jetzt ein blonder junger Mann von Anfang Dreißig mit großem, dunkel angelaufenem Gesicht und einer Metallbrille. Sein Haar ist peinlich akkurat gescheitelt (B 187).

Flix Boezaardt weiß Albert zu berichten, daß Baartscheer Steine in die Schaufensterscheiben jüdischer Geschäfte wirft und den Bewohnern im Viertel De Pijp Tütchen mit Waschpulver zukommen läßt, um den Haß gegen Surinamer zu schüren, die angeblich Heroin gratis verteilen. Baartscheer versucht auch, einen Zweig der Viking-Jugend in Amsterdam zu gründen (B 332-333).

Mai 1977: Albert geht mit Baartscheer im *De Strooien Boot* einen trinken. Von Mariëtte hat er erfahren, daß Baartscheer als Lehrer entlassen worden ist und jetzt von Sozialhilfe lebt (B 408). Baartscheer ist auch im *Bierenbroodspot* am Vorabend der »Schneenacht« im September 1977 zugegen (B 545). Kurz vor Weihnachten 1979 trifft Albert Egberts ihn wieder, diesmal in der Leidsestraat (P 549). Im April 1980 kommt es zu einer erneuten zufälligen Begegnung, als Albert auf dem Rembrandtsplein auf ein Taxi wartet. Baartscheer ist, wie sich zeigt, noch immer von rassistischen Ressentiments erfüllt (S 70). Im Juli 1980 wird Albert ein Attentat auf ihn verüben (P 808; A 368).

BABYLONIËNBROEK Spitzname des Studenten, der den Umzug von Albert Egberts am 1. Juni 1976 vom Berg en Dalseweg in Nimwegen in dessen Elternhaus in Geldrop durchführt (F 217–264).

BARBARA »Babs«, Mithäftling von → HENNIE AVEZAATH im Amsterdamer Gefängnis in Bijlmermeer (P 610).

BARTJE Aus Brabant stammender Mitbewohner von → MILLI HÄNDEL im Studentenwohnheim Hoogeveldt in Nimwegen (G 385-386).

BECCIA, MARIO Gewinnt 1979 die erste Etappe des Giro d'Italia in Perugia (P 446).

BEEREN, HANSJE Nachbarsjunge von Flix Boezaardt in Geldrop (B 390).

BEERTJE → SCHWANTJE, BERENDINA.

BERT Onkel von Hennie Avezaath, der mit Parathion Selbstmord verübt (B 307).

BETS, TANTE Albert Egberts' Mutter erzählt, daß Tante Bets auf einem Feldweg in Geldrop etwas zugestoßen ist; etwas, das eindeutig nicht für Kinderohren bestimmt ist (G 187).

BIGGELAAR, VAN DEN Bauarbeiter, der 1966 bei Straßenschlachten in Amsterdam ums Leben kommt (A 125).

BINTJE Busenfreund von → LOTSAPOPPA, leidet an einem Gehirntumor (P 424-425).

BIR: → QUAHANNES, BIRGITTA.

BIRDEGGS, MR. Verdrehung des Namens von Albert Egberts durch → BARUCH D. KIRSCHENBAUM (S 14).

BLOCH, BORIS Pianist. Gibt 1982 während eines Unwetters in Venedig ein Konzert, als → ZWANET VRAUWDEUNT und QUISPEL dort in Urlaub sind (A 555).

BOBBY Hündchen von Albert Egberts in Geldrop (B 459).

BOCKHORST, HENRI Studienkollege von Flix Boezaardt an der Kunstakademie in Den Bosch (F 401).

BOEBES Bauarbeiter, tätig in dem Hotel neben Ernst Quispels Haus in der van Wassenaarstraat. Zeuge der Entführung von → Cynthia Quispel (A 393-394).

BOEZAARDT, BERNARD »Berntje«, geboren 1920, verheiratet mit Maaike Kopland (F 384-385) und Vater von Flix und Govert. Berntje hält Tauben (F 384; G 56). Er war in einem Konzentrationslager, in dem ihm Zeige- und Mittelfinger mit Blut aneinandergeklebt worden sind (G 69). Anfangs Lackierer, später im Büro tätig (G 145). Bernard Boezaardt stirbt 1971 (F 390).

BOEZAARDT, FELIX Rufname Flix. Flix kommt per Kaiserschnitt zur Welt und leidet an Asthma (G 201; B 129, 330). Dieser Jugendfreund von Albert Egberts ist für seine gemeinen Streiche bekannt, zum Beispiel für Tierquälerei (G 53-56). Flix sieht als Kind immer schmutzig aus, allerdings mit solcher Selbstverständlichkeit, daß Albert, obwohl er sich ekelt, trotzdem beeindruckt ist. »Albert sah zu ihm auf und gehorchte ihm in allem.« (G 57).

1962 verbringt Flix einige Zeit in einer Asthmaklinik (G 201). Auf der Geldroper Kirmes lernt er 1963 Thjum kennen (G 215). Später lebt er bei einer Pflegefamilie, die in Arnheim den Delikatessenladen *De Kokosnoot* betreibt (F 429). Flix besucht die Handelsschule, freilich ohne viel Erfolg (F 431). Danach lebt er bei einer Familie in Rotterdam. Er besucht die Graphikschule, aber auch da scheitert er, worauf er zur Gewerbeschule wechselt. Wiederum mit wenig Erfolg. Flix wird Bauarbeiter. Währenddessen versucht er, ohne Realschulabschluß zur Kunstakademie zugelassen zu werden (F 431) und klaut diverses Material aus Baubuden.

Am 19. September 1969 wird Flix als Drogenkurier verhaftet und zu sechs Monaten Gefängnis verurteilt (F 442). Von 1971 an wohnt er am Braven-Kanal in Den Bosch (F 230). Er macht Furore an der Den Boscher Kunstakademie, als er beim Examen seine Abschlußarbeit in Form eines Betonklotzes auf dem Tisch der Prüfungskommission deponiert, der unter dem Gewicht entzweibricht (F 401). Trotzdem schafft Flix sein Diplom und setzt seine Ausbildung bei Ateliers 63 in Haarlem fort.

Boezaardt arbeitet später als Bildhauer und Maler beim Umbau eines ehemaligen Klosters in ’s-Heerenberg in einen »lehrreichen Freizeitpark für die Jugend« mit. Dort steht er als mythologische Figur Modell, während man Gipsabgüsse von ihm anfertigt (B 38; P 129-131). Am 4. Oktober 1976 sieht Flix sich wieder einmal *The Beanery* von Kienholz im Stedelijk Museum an – zum erstenmal mit ganz anderen Augen (B 36). Sofort kommt ihm die Idee, selbst auch so zu arbeiten und die (Emotionen von) Menschen in Gips zu verpacken (B 37). Nach dem Museumsbesuch trifft er zufällig Thjum (B 42). Sie gehen zu einem Chemiestudenten, um ihn wegen Flix’ Gipsprojekt um Rat zu fragen. Zu dieser Zeit wohnt Flix in der Grote Wittenburgerstraat in Amsterdam, wo er sich mit Albert Egberts ein Zimmer teilt (B 48, 92-93). Danach besetzt er das zweite Stockwerk eines Hauses in der van Ostadestraat 209 (B 300-301). Mit Thjum zusammen besucht er *The Art Show* von Kienholz in Paris (P 134).

Ende November 1977 reist Felix Boezaardt mit Albert nach Neapel; Thjum stößt später zu ihnen (P 139). Als Thjum für Flix’ Gipsprojekt Modell steht, erstickt er im Gips. Das Unglück ereignet sich am Silvesterabend (P 253-258). Flix wird zu zwölf Jahren Haft verurteilt (P 356).

Gleich nach seiner Rückkehr aus Italien besucht Flix Boezaardt 1985 Albert Egberts im ehemaligen Untersuchungsgefängnis in Amsterdam (A 143-144).

BOEZAARDT, GOVERT Bruder von Felix, bekommt den Spitznamen »Vogeltje«, »Vögelchen«, weil er einmal mit einem gut gezielten Tritt einen Spatzen von dessen Leiden erlöst hat (G 53-54). Vogeltje besucht die Sonderschule (F 425).

BOEZAARDT-KOPLAND, MAYA Busenfreundin von → HANNY VAN DER SERCKT seit der Zeit, als sie während des Krieges in der Lata-Fabrik in Best arbeiteten (F 366-367). Maya heiratet im Frühjahr 1949 Bernard Boezaardt (F 384-385); sie ist die Mutter von Felix und Govert (G 60) und Patentante von Albert Egberts (F 468).

Maaike Kopland ist eine große Genießerin und nicht nur deshalb, weil sie auf Sahnetrüffel versessen ist (G 145-146). Sie hat eine Zeitlang Egbert Egberts als Liebhaber. Nach dem Tode ihres Mannes 1971 beginnt sie ein Verhältnis mit einem Antiquitätenhändler in Den Bosch (F 390). 1976 wohnt sie mit ihm in einem Haus gegenüber dem ihres Sohnes Flix. Albert trifft die beiden, als er Flix besucht und sie gerade auf einem Boot auf dem Kanal vor Flix' Haus Tee trinken (F 387-388).

BÖHMER-BOUDOIR, DR. KLAAS Dozent für Philosophische Anthropologie an der Katholischen Universität Nimwegen (G 388). Böhmer-Boudoir hat Bücher über Camus und Lacan geschrieben (beziehungsweise Zitate aneinandergereiht). Verfasser von *Entwurzelung und Kasteiung. Ein Beitrag zu einer zeitgemäßen Anthropologie* (G 389).

BORELLI, PADRE Leitet in Neapel ein Auffangheim für Jungen, in dem auch → GESÙ PORPORÀ eine Zeitlang gelebt hat (B 178).

BOSHOND, HENK Eines der Kinder aus dem Geldroper Stadteil Hulst aus der Zeit, in der auch Albert Egberts dort wohnt. Die Kinder quälen eine Fledermaus und zünden sie an (G 95-97).

BOSHOND, LENI Schwester von Henk und Mimi (G 57).

BOSHOND, MIMI Schwester von Henk und Leni. Mimi liebt »Schweingeln«, »Schweinigeleien«. Sie bringt Albert Egberts in Verwirrung, als sie ihm auf offener Straße ihr »Pläsierchen« zeigt (G 57-58; P 123).

BOY Klassenkamerad von Ernst Quispel im Jahr 1960 (A 182). Boy ist verliebt in → TOKE.

BROECKXS Nachbarn von Albert Egberts' Eltern in der Wemstraat (G 16). Die Broeckxs tragen mit der Familie Egberts eine Fehde wegen Lärmbelästigung aus (F 271-273).

BUSCHBASCH, BORIS VAN Homosexueller Freund von Thjum am Nimwegener Canisius-Kolleg, Philosophiestudent, Nachkömmling des alten Leiters eines Klaviertransportunternehmens (F 24-26).

BUUF Nachbarin von Albert und Thjum in Nimwegen. Buuf kauft alles auf Pump (B 477).

CALLY Junge Freundin, die Albert Egberts 1969 in seinen Ferien in Mol, Belgien, kennenlernt. Als er mit ihr schlafen will, wird Albert sich zum erstenmal seiner Impotenz bewußt (G 265-271).

CALUWE, DE Polizeiobermeister in Lummel, der → HENNIE AVEZAATH zum Tode ihrer Eltern vernimmt (B 74-75, 184-185).

CANAPONI, PATRIZIO: → GOSSAERT, PATRICK.

CAROLIEN Sitzt zusammen mit → HENNIE AVEZAATH im Arnheimer Untersuchungsgefängnis (B 284).

CARPERS Französischlehrer am St.-Georgius-Kolleg in Eindhoven, Spitzname »Karpfen« (G 244).

CAS Einer der Gäste in der Kneipe *Het Wapen van Lummel*, die über den Fall → HENNIE AVEZAATH sprechen (B 145). Gegenüber Cas legt Cor Coster ein »Geständnis« ab (P 430 ff.).

CAS Cousin von → HENNIE AVEZAATH, der sich mit Hilfe von Parathion umbringt (B 307, 310).

CASPAR Freund von Pieter Plaggemars, einem Sohn von Hennie Avezaath (B 106, 119-121).

CASTRO Katze von Ernst Quispel und → ZWANET VRAUWDEUNT (A 13).

CHAIA Besucherin im Lokal *De Strooien Boot*, als Albert Egberts und Baartscheer sich dort im Mai 1977 über Céline unterhalten (B 410).

CHANTAL Arbeitet in einem Bordell an der Hobbemakade, das von Albert Egberts und Krijn, dem Dichter und Zuhälter, in der »Schneenacht« (siehe in diesem Band S. 151 f.) aufgesucht wird (B 631).

»CHARLEY« Penner, der in einer der Zellen des ehemaligen Untersuchungsgefängnisses in der Havenstraat seine Matratze anzündet (A 120).

CHIEN: → HILLECHIEN.

CISCA Großtante von Albert Egberts, wohnhaft in Amsterdam (B 143, 463).

COLOSSINO, SIGNORE Zwerg, der in Neapel → GESÙ PORPORÀ Gesellschaft leistet (P 210).

COSTER, COR In Groesbeek bekannt als »Willy de Welbum« (G 511; B 285). Nach eigener Aussage ist er Pfleger in einer psychiatrischen Anstalt und Kunstmaler. Er reagiert auf eine Kontaktanzeige von → MEVROUW VAN STAHLDUYNEN-BEKKEMA (G 411-415). Cor ist 1,98 m groß, hat eine Schmalztolle und einen »Entenschwanz«, kleine Ohren, ein pockennarbiges Gesicht und zuviel Blut im Weiß der Augen (G 420). Mevrouw Bekkema muß zu ihrer Schande und ihrem Schaden entdecken, daß Cor kein Pfleger, sondern Psychiatriepatient und außerdem Heiratsschwindler ist (G 510-511). Cor verläßt in der Nacht vom 6. auf den 7. April 1972 ihr Haus, nachdem er im Garten einen Baum umgehackt hat. Nach einer Kneipentour kommt er frühmorgens nach Lummel. Dort sucht er die Mutter von Hennie Avezaath auf (P 437). Hennie hat er 1968 in Nimwegen kennengelernt. Aus seinen Geständnissen im *Het Wapen van Lummel* wird deutlich, daß er nicht nur Hennie, sondern auch deren Mutter erpreßt (P 434-435) und letztere aus Rache ermordet hat (P 438, 441). Aber es bleibt die Frage, was Cor Costers Geständnisse wert sind.

Cor Coster befindet sich wie Albert Egberts während des Prozesses gegen Hennie Avezaath im Publikum (B 368). Coster kommt im April 1980 bei einem Autounfall ums Leben (P 600).

COX, SUSAN Auch Suzy oder Suus genannt, hauptsächlich aber Sux (S 82; B 518). Albert Egberts hat den Namen »Sux« in der Herrentoilette des Lokals *De Luis* gelesen (B 519). Er kommt 1976 über eine Anzeige in *de Volkskrant* mit Suus in Kontakt (B 92, 204-207). Im Frühjahr 1977 lernt er sie etwas besser kennen. Zu dieser Zeit ist sie Lernschwester im Onze Lieve Vrouwegasthuis in Amsterdam (S 106).

Susan rechnet Albert vor, daß der 22. September 1977 sein zehntausendster Lebenstag ist, hat dabei aber die Schaltjahre nicht berücksichtigt (B 21, 529-533; P 93). 1979 arbeitet Schwester Cox ein halbes Jahr lang in einer Anstalt für Geisteskranke in Karatschi (S 111).

CYNTHIA →QUISPEL, CYNTHIA.

DANNY Strichjunge, der Ernst Quispel seine Dienste anbietet (P 719).

DARTEL, NICO VAN Belästigt die Mutter von Albert Egberts, als sie ungefähr zwölf war (G 294-295). Ist später oft bei Alberts Großeltern zu finden. Er versucht, Albert von der klassischen Musik abzubringen (G 296-297). Alberts Mutter besucht ihn an seinem Sterbebett (G 297-298).

DELDEN, »KOP« VAN Besitzer des Tabakladens in Geldrop, in dem Albert und Thjum als Zwölfjährige Zigaretten zum Wucherpreis von fünf Cent pro Stück kaufen (W 47).

DIJKSTAL, SHEILA Frischgebackene Ärztin, die Albert Egberts bei einem Philosophenfest in Nimwegen kennenlernt. Sheila wohnt später in der Derde Helmersstraat in Amsterdam. Albert verabredet sich mit ihr im *Américain* am Tag nach der »Schneenacht«. Er taucht für eine Weile bei ihr unter (P 31, 34-38).

DODO Auch Fafa genannt, Discjockey in der Discothek *Dogshit City* (P 389, 399). Dodo bändelt bei einer Fete im Januar 1979 mit Albert Egberts Freundin→Margerie Zwercks an (P 400).

D'ONDIEPPE, MICKY Zwei Meter großer Bekannter von Albert Egberts in Nimwegen (G 399).

DONKER, J. Sucht Arbeit bei der Zeitarbeitsvermittlung Omnilabor, während →ZWANET VRAUWDEUNT dort beschäftigt ist (B 279).

DUISBERG, DICK Dozent von Flix an der Kunstakademie in Den Bosch. Er ist in den sechziger Jahren Mitglied der Amsterdamer Künstlervereinigung De Kring. Stirbt fast an Gasvergiftung (B 490-491).

EDELMAN SEN., PAUL 1963 Polizist im Geldroper Stadtteil Braakhuizen-Noord (G 232). Edelman hat Söhne auf der Höheren Bürgerschule in Helmond (F 329). Im November 1977 arbeitet er beim Amsterdamer Rauschgiftdezernat. Aber es ist auch möglich, daß er einen Doppelgänger hat (P 119-123).

EDELMAN JUN., PAUL Ist AGF (Assistent des Gruppenführers) bei der Pfadfindersippe Die Tiger, der Albert Egberts Anfang der sechziger Jahre angehört (F 329). Albert hackt ihm mit einem Beil in den Fuß (F 331-332; P 122).

EGBERTS SEN., ALBERT 1925 geboren, Vater von Albert. Albert sen. wird in der Familie mit »Altje« angesprochen, »Altje macht 'ne Mücke von der Dommelbrücke« (F 246). Von 1939 an arbeitet er in der Lata-Schuhfabrik in Best und lernt dort 1942, mit siebzehn, seine spätere Frau kennen (F 366-368). Er wird entlassen, weil er »ein paar Gummiabsätze mitgehen ließ« (F 373). Egberts sen. arbeitet nach der Befreiung des Südens der Niederlande als Laufbursche beim Bau einer Bahnlinie für den Nachschub von Munition zum Flughafen Zeelst (F 378). 1946 geht er als Freiwilliger nach Niederländisch-Indien und nimmt dort an den sogenannten Polizeiaktionen teil. Während seiner Zeit in Niederländisch-Indien ist er eine Weile Fahrer eines hochrangigen Militärs, der Radiosendungen für die Streitkräfte macht (F 210). Albert Egberts kehrt im Juli 1949 aus Niederländisch-Indien zurück; aber ist es wirklich Juli? (F 362-363). Im September 1949 heiratet er → HANNY VAN DER SERCKT. Er verdient sein Brot in einem belgischen Bergwerk, als sein Sohn Albert geboren wird (F 446-447).

Vom Frühjahr 1956 an arbeitet Albert sen. als Maler und Lackierer bei Philips. Um die Chancen, die der Wiederaufbau bietet, zu nutzen, belegt er sogar einen Kurs am »Institut mit den Freundlichen Lehrern«. Seine Frau macht sich über einen Aufsatz von ihm lustig (G 106-108). Von da an unternimmt Albert sen. samstags Kneipentouren auf seiner NSU (G 116-118). Seine Alkoholexzesse hinterlassen bei seinen Kindern unauslöschliche Eindrücke, vor allem bei Albert. Mitte der siebziger Jahre wird Albert sen. arbeitslos. Fortan verbringt er seine Tage mit Kaffeetrinken, Rauchen und endlosem Fernsehen (F 301-303).

EGBERTS, ALBERT Siehe »Ein Leben in die Länge«.

EGBERTS, BENNY Sohn von Robert Egberts, wie sein Bruder Robby ein Geschwindigkeitsfanatiker (W 110).

EGBERTS, BETS Schwester von Albert sen. und Egbert Egberts, arbeitete während des Krieges freiwillig in Deutschland und besucht zusammen mit ihrer Schwester Doortje ihren Bruder Egbert in einem Prager Krankenhaus (F 375). Bets hat ihren Bruder Robert mit einer Häkelnadel ins Auge gestochen (W 35).

EGBERTS, DOORTJE Schwester von Albert sen., Egbert und Bets. Arbeitet während des Krieges zusammen mit Bets in Deutschland und besucht gemeinsam mit ihr ihren Bruder Egbert in Prag (F 375).

EGBERTS SEN., EGBERT »Bertje Berts vom Jüdele von der Dommelbrücke« (F 251) oder auch »Hölzeriger Bert« (F 246), Opa von Albert Egberts. Egbert sen. war Pantinenmacher in Son (F 242). Er war verheiratet mit dem »Jüdele«, der Tochter von Doi van Kastenheuvel (F 242, 249). Er bedroht seinen Nachbarn mit einer Pistole (F 252). Nach dem Krieg sitzt er wegen pro-deutscher Sympathien in einem Straflager (F 382). Der »Hölzerige Bert« fällt beim Angeln in die Dommel und stirbt 1949 an Lungenentzündung (F 244-245, 383).

EGBERTS, EGBERT Geboren 1921 (F 376). Bruder von Alberts Vater, Patenonkel von Albert (F 468). So wie sein Vater »Hölzeriger Bert« genannt wurde, bekommt Egbert jun. den Beinamen »Eiserner Bert«; er ist Maschinenschlosser (F 246).

Egbert hat seit dem Krieg eine Kugel im Hinterkopf (F 374, 376; G 166, 251). Er war Unteroffizier bei der Waffen-SS und kämpfte an der Ostfront (F 369-370). Nach seiner Verwundung kommt er in ein Prager Krankenhaus (F 374). Er versucht zu desertieren, wird jedoch von den Alliierten geschnappt; siebzehnmal wird ihm die Todesstrafe verkündet. Schließlich liefert man ihn an die Niederlande aus. Egberts wird zu drei Jahren Straflager verurteilt (F 380-382). Anfang 1949 kommt er frei.

Im September 1949 heiratet er Greta, eine österreichische Krankenschwester (F 385). In den fünfziger Jahren wohnt er mit ihr in einer Wohnung in Eindhoven (G 123). Egbert hat 1953 ein kurzes Verhältnis mit Gonnie Stultiëns (F 201, 501-510); höchstwahrscheinlich bleibt das nicht ohne Folgen (G 318, 418-419).

Egberts arbeitet als Werkzeugmacher bei Philips (G 101, 298). Samstags, wenn Albert sen. in der Kneipe hockt, besucht Onkel Egbert auf seiner BMW die Familie Egberts (G 121). Es bleibt unklar, ob Egbert nicht auch der Vater seines Patenkinds Albert ist (B 243). Albert hängt sehr an ihm. Durch Egberts Sprachfehler (er stottert) lernt er, Worte zu kosten (G 122). Onkel Egbert nimmt Albert auch mit zu Radrennen (G 124) und zum Abrichten von Polizeihunden (S 30-37; G 124). Egbert Egberts liegt im Juni 1971 im Sterben (F 164), im September wird er beerdigt (F 353; G 300-312).

EGBERTS, FREEK Bruder von Albert, geboren 1956 (B 512). Freek studiert zunächst in Nimwegen, wohnt aber ab August 1977 bei Albert in der van Ostadestraat 209 in Amsterdam. Freek ist als Politologiestudent immatrikuliert und außerdem Gitarrist in einer Band, die in einem Nachtclub am Rembrandtsplein auftritt (B 490).

Im Mai 1977 besucht Albert Freek in Nimwegen, wo dieser noch studiert (B 442). In Amsterdam beschließt Freek, seine Gitarre an den Nagel zu hängen (B 497, 626-627, 638; P 57) und in ein Guerillaausbildungslager im Südjemen zu reisen (B 497-498). Am 3. März 1980 kehrt er in die Niederlande zurück (P 585). Er wird bei einer Talentsuche entdeckt, macht eine Platte und bekommt einen Fernsehauftritt (P 675-678).

EGBERTS, GRETA Frau von Egbert, aus Österreich stammende Krankenschwester (G 123). Egbert lernt sie in einem Prager Krankenhaus kennen (F 375). Greta kommt im September 1949 in die Niederlande, um Egbert zu heiraten (F 385-386).

EGBERTS-VAN DER SERCKT, HANNY Mutter von Albert Egberts, 1927 in Den Bosch geboren (F 284-285). Hanny wurde als Dreizehnjährige die Erziehung ihres jüngsten Bruders Hasje aufgebürdet (F 286-287). Von 1941 an arbeitet sie in der Schuhfabrik Lata in Best. Dort muß sie Schnürsenkel in Schuhe einziehen, Absätze und Sohlen leimen und Schuhwichse zubereiten. Neben ihrer Freundin → MAAIKE KOPLAND lernt sie in der Fabrik auch ihren späteren Mann Albert Egberts kennen (F 366). Hanny und Albert heiraten im September 1949, am selben Tag wie → EGBERT und GRETA (F 385-386), und bekommen drei Kinder Albert, Mariëtte und Freek. Anfang 1951 bringt Hanny totgeborene Zwillinge zur Welt (G 322).

Ende der fünfziger Jahre muß Alberts Mutter sich einer schweren Operation unterziehen (G 143). Anfang der sechziger Jahre arbeitet sie bei Tiger Plastics (G 186), danach als Putzfrau bei der Familie Schwantje (G 190-191). Hanny ist »das fleischgewordene Schuldgefühl«. Zu den Hintergründen dafür siehe F 286-288. Sie ist versessen auf Nasi-

Goreng-Frikadellen, liest Bücher und spricht, anders als Alberts Vater, ein korrektes Niederländisch (F 289).

EGBERTS, HERBERT Bruder von Albert Egberts sen. (F 246).

EGBERTS, HILBERT Bruder von Albert Egberts sen., kurz nach der Geburt gestorben (F 246).

EGBERTS, HUBERT Bruder von Albert Egberts sen. (F 246), wohnt im brabantischen Son en Breugel (G 118). Hubert ist laut Robert Egberts' Frau Karin angeblich nicht »scharf« genug (G 302). Er hat am Sterbebett seiner Mutter Bücher lesen gelernt (F 242).

EGBERTS, KARIN Frau des (Ex-)Radrennfahrers Robert Egberts (W 14). Karin ist die Tochter des Begleitwagenfahrers (W 17). 1965 läßt sie sich von Robert scheiden wegen ihrer ehebrecherischen Beziehung zum »Hellen Henny«, von dem sie ein Kind bekommt (W 44).

EGBERTS, LAMBERT Bruder von Albert Egberts sen. (F 246), hat wie seine Brüder Hubert und Robert ein Techtelmechtel mit den Töchtern seiner Schwägerin, der Frau von → NORBERT EGBERTS (G 305).

EGBERTS, MARIËTTE Schwester von Albert (F 71), geboren am Tag der Flutkatastrophe im Februar 1953 (F 495). Mariëtte hat Mitte der siebziger Jahre eine Beziehung zu einem Kunstmaler, der sie »Spokie« nennt. In der Zeit wohnt sie in Arnheim und ist arbeitslos. Sie ist in Nimwegen gemeldet und läßt sich ihren »Arbeitslosenbrief« an Alberts Adresse schicken (F 154-158). 1976 wohnt sie in Amsterdam im Happy Holland Hotel in der Nicolaas Maesstraat (B 186). Sie hat eine Stelle als Englischlehrerin und wohnt mit ihrem Freund Pol zusammen (B 187). Im November 1977 zieht sie in die Rustenburgerstraat (P 97).

EGBERTS, NORBERT Bruder von Albert Egberts sen. (F 246). Norbert kämpft während des Krieges in der Prinzessin-Irene-Brigade (F 378). Er ist der Hübscheste der Pantinenmacherfamilie. Sein Spitzname ist »Kleinbauer«. Er hält seit seinem 20. Lebensjahr Tiere und hat viele Freundinnen. Im Alter von zweiundzwanzig bändelt er mit seiner zweiundvierzigjährigen Nachbarin an, einer Witwe mit zwölf Töchtern. Norbert ist in → HANNY VAN DER SERCKT verliebt und sie in ihn (G 303-304). Seine Frau, die wegen ihres krächzenden Lachens »Die Saatkrähe« genannt wird, stirbt mit siebzig. Norbert läßt sich danach mit einer achtundzwanzigjährigen Alkoholikerin ein (G 305).

EGBERTS, RIA Tochter von Onkel Norbert. Alberts Eltern wollen ihren Sohn mit ihr verkuppeln (F 292).

EGBERTS, ROBBY Geboren im Mai 1955 (W 36-39), Sohn von Robert und Karin. Robbys widerborstiges Haar macht großen Eindruck auf Albert (W 11-12). Wie sein Vater ist auch Robby ein vielversprechender Radrennfahrer (W 51-54). Er absolviert die Technische Berufsfachschule und wird Hehler, um seine Hobbys finanzieren zu können (W 67-69). Als Stunt fliegt er mit umgebauten VWs über Gräben. Robby hat einen schweren Motorradunfall in Sint-Oedenrode (W 78) und verunglückt im September 1976 tödlich am Steuer eines Autos auf dem Boschdijk in Weert (W 92).

EGBERTS, ROBERT »Bertje«, jüngster Bruder von Albert Egberts sen. (F 246). Robert entpuppt sich als Radrennfahrer (G 124-125). Im Alter von sechs Jahren sticht ihm seine Schwester Betsie mit einer Häkelnadel ins linke Auge; seitdem hat er den Spitznamen »Scheues Tier« (G 125, W 35). Als Vierzehnjähriger ist er in einen »Sexskandal« verwickelt und wird für ein Jahr in eine Jugendstrafanstalt gesteckt. Danach arbeitet er in einer Ziegelei (W 16). Robert leidet an Verfolgungswahn und wird in eine psychiatrische Anstalt eingeliefert.

Robert Egberts heiratet Karin, doch die Ehe wird 1965 geschieden (W 44). Er macht in dieser Zeit Nachtschichten bei Philips (W 44). Später wohnt er in einer Baubude und danach in der Garage hinter dem Haus seiner Ex-Frau in der Tulpstraat, wo er mit Pillen handelt (W 59-60). Robert kann einfach nicht glauben, daß sein Sohn Robby wirklich verunglückt ist (W 95-96).

EGBERTS, WILBERT Bruder von Albert Egberts sen., in der Wiege gestorben (F 246).

ELSE Angestellte der Bank am Damrak, in der Ernst Quispel zu Beginn einer euphorischen Periode eine große Geldsumme abhebt (A 35).

EMILY Alte Flamme von → PATRICK GOSSAERT, Amerikanerin (B 519).

ENGELEN, VAN »D'n Engel«, Wirt im *Sport & Spel*, ab 1956 die Stammkneipe von Albert Egberts' Vater in Braakhuizen-Zuid (G 108).

ERF, DANIËL VAN 'T Arbeitsgruppenvorsitzender am Philosophischen Institut der Katholischen Universität Nimwegen (G 348-349).

ERIK Mitarbeiter in der studentischen Jobvermittlung De Stuit in Amsterdam (B 414).

EVA Freundin und Mitbewohnerin von → MARGERIE ZWERCKS (P 343).

EVANS Amerikanischer Major aus Maine, der nach der Befreiung → BETSIE EGBERTS in seinem Jeep durch Thüringen fährt (F 378).

EVERDINGEN, VAN Gast beim Verlobungsfest von → COR COSTER und → AAF BEKKEMA, arbeitet in einer Bank, finanziert Cors (das heißt Bekkemas) Toyota (G 467-468).

FACE, THE Spitzname des Pressesprechers der Amsterdamer Polizei, so genannt wegen seines glattrasierten Gesichts (A 124).

FAFA → DODO.

FLIX → BOEZAARDT, FELIX.

FLOET Fischhändler auf Schiermonnikoog, der Insel, auf der Quispel 1986 am Ende einer dipsomanen Periode die Pfingsttage verbringt (A 523-524).

FLOOR Wirt der Kneipe *De Tempelier* in Nimwegen (F 159-160).

FLOSKE Freundin und Mitbewohnerin von → MARGERIE ZWERCKS (P 343).

FRANCIEN Geboren 1965, Mädchen aus Hellevoetsluis, das sich per Anzeige als Modell anbietet. Ernst Quispel antwortet darauf (A 218). Francien besucht ihn (A 239-256).

FRANCINE → POEF, FRANCINE.

FRANS Bruder des Behinderten aus dem Viertel Jordaan, dessen Auto Albert Egberts in der Nacht vor dem Königinnentag 1980 aufgebrochen hat (S 44-45). Frans brät leckere Spiegeleier.

GABRIËLS Stellvertretender Direktor des St.-Georgius-Kollegs in Eindhoven (G 245).

GEERTEN-JAN Thjum Schwantje und Albert Egberts lernen ihn im Juni 1971 in einer Kneipe in der Tweede van der Helststraat in Amsterdam kennen (F 167-168). »Geerten-Jan« entpuppt sich später als → AREND-JAN BAARTSCHEER (B 188).

GEERTRUI Arbeitet in einem Bordell in einem Vorort von Eindhoven (B 630).

GENDT, PAUL VAN Ehemann von → MILLI HÄNDEL, führt mit ihr eine Rechtsberatungsstelle in Bemmel (F 75, 137). Albert Egberts lernt Paul, »'nen Entschiedenen«, an dem Abend kennen, als er zum erstenmal das *Dynamene* in Nimwegen besucht (G 379).

GERDA Gattin des Mannes, bei dem Albert Egberts einen Umschlag aus Italien abliefert. Das Ehepaar wohnt an der Keizersgracht in Amsterdam (B 296).

GESÙ → PORPORÀ, GESÙ.

GIANNI-GINA Neapolitanischer Transvestit, spielt Lotto im *La Tattamella* (P 212).

GIT → QUAHANNES, BIRGITTA.

GODEFROIT, CORNELIS Hat → KILIAAN NOPPEN am Abend von dessen Festnahme (25. April 1985) mit einem Stein auf den Kopf geschlagen (A 575-580).

GOSSAERT, PATRICK 1952 geboren, hat eine Mutter italienischer Abstammung. Patrick studiert Italienisch und Kunstgeschichte (B 171). Am 4. Oktober 1976 lernt Albert Egberts ihn in der Gemeinschaftsküche des Studentenwohnheims in der Grote Wittenburgerstraat in Amsterdam kennen (B 171). Gossaert ist Autor und publiziert unter dem Pseudonym Patrizio Canaponi. Albert verabredet mit Patrick, daß er künftig den Stoff für Romane liefert; Patrick soll dann für das »goldene Sieb« sorgen, muß den richtigen Ton finden (B 172-173, 243).

Gossaert tritt am 17. Oktober 1976 bei einer literarischen Veranstaltung in der Grote Wittenburgerstraat auf. Dort liest er die Geschichte von → JIMMY HÄNDEL (B 244 247). Ende 1978 veröffentlicht er sein Debüt, einen Erzählungsband (P 444). Den Sommer 1979 verbringt Patrick in Perugia und denkt über das Problem des »absoluten Erzählers« nach (P444). Er wohnt dort ein paar Wochen mit Ivana zusammen (P 448). Danach geht er auf die Isola Maggiore im Trasimenischen See (P 449). Am 20. Oktober 1979 wird Patrizio Canaponi der Anton-Wachter-Preis verliehen, doch es bleibt unklar, ob er dabei leibhaftig zugegen ist (P 679). In derselben Zeit schreibt er Albert einen Brief, in dem er berichtet, die richtige Erzählinstanz gefunden zu haben Er denkt an einen Chor von Erzählern (P 476). Im Jahr darauf erscheint sein Roman *Die Drehtür* (P 748). Den Tag des Thronwechsels erlebt Patrick aus der Ferne mit; er hält sich zu diesem Zeitpunkt in Positano auf (P 633).

GOVERS, HENRI Zusammen mit Flix Boezaardt und →PETER VAN RAVENSTEIN Ende der sechziger Jahre als Drogenkurier tätig (F 432).

GRAAF, TONNY DE Mädchen, dem Ernst Quispel als Elf- oder Zwölfjähriger Liebesbriefe schickt (A 169).

GREET Tochter des Bäckers in Lummel. Sie wird kurz nach Kriegsende im Hause der Eltern von →HENNIE AVEZAATH von kanadischen Soldaten vergewaltigt (B 86.).

GRISELLE Kater des Besitzers des Landhauses in der Provence, in dem Quispel und →Zwanet Vrauwdeunt während ihres Urlaubs wohnen (A 14).

GROENEVELD, WILLEM Discjockey im Studentenclub *Dynamene* in Nimwegen. Willem legt unter seinem Künstlernamen *Big Bill the Evergreen* alte Schmachtfetzen auf (G 351; P 399).

HAAR, MR. DR. CEES TER Kriminologe an der Erasmus-Universität in Rotterdam. Analysiert den Fall →HENNIE AVEZAATH und kommt zu dem Schluß, daß von einem fairen Prozeß keine Rede sein konnte (P 460). Im Frühjahr 1979 verschwindet er während eines Urlaubs auf Bali spurlos (P 461).

HAMERMANS Schwermütiger Lackierer in der Hombregts-Fabrik, Kollege von Albert Egberts sen. (G 277-278).

HÄNDEL, JIMMY Auch James genannt, lebte vom 3. Juni 1933 bis zum 7. März 1956. Erster Ehemann von →GONNIE STULTIËNS, »Vater« von →MILLI HÄNDEL (G 314, 371-372). Jimmy ist bei der Marine in Den Helder. Obwohl Milli genau zu wissen glaubt, daß er »bei Manövern auf hoher See« umgekommen ist (G 371), ist auch die Rede von Selbstmord (G 315). Sein Tod ist von einem Mythos umgeben (G 433-458).

HÄNDEL, JONATHAN Vater von Jimmy Händel (G 314).

HÄNDEL, MILLI Geboren im Dezember 1953 (F 519). Ihre Taufnamen sind Mildred Wendelmoet Godelieve. Offiziell ist sie die Tochter von Jimmy Händel und →GONNEKE STULTIËNS (G 314, 371-372). Albert Egberts' Mutter bezeichnet allerdings →EGBERT EGBERTS als Gonnies richtigen Vater

(G 318, 418). Milli verschluckt im März 1956 einen Ring, am Tag nachdem Jimmy sich getötet hat (G 317-318). Um Gott für ihre Rettung zu danken, hat man sie zu einem Marienkindchen gemacht. Milli, die im Haus neben Albert im Geldroper Stadtteil Hulst wohnt, geht daraufhin jahrelang blauweiß gekleidet (G 186, 318, 458).

Als ihre Mutter → AUGUST SCHWANTJE heiratet, wird Milli die Stiefschwester von Alberts Freund Thjum. Milli gibt sich aber so wenig wie möglich mit ihren angeheirateten Geschwistern ab (F 74).

Millis Zwangsneurosen sind sprichwörtlich. So hat sie die Angewohnheit, Farbe vom Balkongeländer an Schwantjes Haus in Berg en Dal abzukratzen (G 380). Milli wird 1963 bei den Nonnen in Beek ins Internat gesteckt (G 210). Danach studiert sie Jura in Nimwegen, wo sie im Studentenwohnheim Hoogeveldt wohnt (G 365) und sich mit → PAUL VAN GENDT anfreundet (G 367, 379).

Milli Händel leidet an Anorexie (G 391-392, 396-397). Albert Egberts begegnet ihr erstmals im *Dynamene* in Nimwegen, im November 1971 (G 354). Als er mit ihr schlafen will, entdeckt er erneut seine Impotenz (G 373-376). Im Frühjahr 1972 sehen Albert und Milli sich sehr häufig.

HÄNDEL-MILLINGTON, MILDRED Mutter von Jimmy Händel (G 314).

HANEKROOT, HENK Inspektor bei der Kriminalpolizei (A 438). Am 30. April 1986 sucht er zusammen mit seinem Kollegen → DE MOEI Ernst Quispel auf. Quispel erzählt ihnen, daß er zum Zeitpunkt, als → Kiliaan Noppen starb, in der gegenüberliegenden Zelle eingesperrt war (A 443-444).

HANNAH Amerikanerin, die London mit Hilfe eines Buches besucht, in dem steht, wie man ohne Geld in dieser Stadt leben kann (B 358).

HANS Sportlehrer, Teilnehmer an den Orgien von Albert Egberts' Nimwegener Freundeskreis (P 501).

HARRY Zivilfahnder in Amsterdam (A 69).

HEEFTTUINEN, VAN Spitzname »Pimmel«, Lehrer für Handelslehre, Wirtschaftslehre und Staatsbürgerkunde am St.-Georgius-Kolleg in Eindhoven (G 244).

HEILIGEDAG Filmregisseur, wohnt bei Ernst Quispel um die Ecke (A 24).

HELMAN Gast im *Bierenbroodspot*, das Albert Egberts am Vorabend der »Schneenacht« im September besucht (B 545).

HELMERHORST, DR. Pathologe, der die Leichname von → HENNIE AVEZAATHS Eltern untersucht (B 145, 168).

HENDRICKXS Hauptwachtmeister in Geldrop, der sich 1963 die Geschichte von Albert Egberts' Mutter über die Messerfuchtelei ihres Mannes anhört. Geht ihnen in ihr Haus voran, das Alberts Vater voll Gas hat strömen lassen (G 232-233). Im Juni 1976 spricht er Albert auf die nachbarliche Ruhestörung an. Er erzählt, daß Albert sen. die Nachbarn mit einem Beil bedroht habe (F 271-273).

HENKIE Einer der Gemeindearbeiter, die das Grab von → KILIAAN NOPPEN öffnen (A 478).

HENNA Alte Hündin mit schwacher Blase, gehört Albert Egberts' Eltern (G 10-11; B 96-97, 151).

HENNY »Heller Henny«, Liebhaber von Karin Egberts, zeugt mit ihr ein Kind (W 44).

HENRI Klassenkamerad von Albert Egberts in der ersten Grundschulklasse (G 113).

HERMAN Auch »Manus« genannt, ein weiterer Gemeindearbeiter, der das Grab von → KILIAAN NOPPEN öffnet (A 478).

HERMANN Deutscher Tourist. → ZWANET VRAUWDEUNT und Quispel begegnen ihm im Sommer 1983 während ihres Urlaubs im Hotel Mas Djoliba in Antibes (A 550-553).

HIL → HILLECHIEN.

HILDE Wohnt in der Nähe von → PATRICK GOSSAERT an der Wittenkade in Amsterdam. Ihre Schwester Louise ist verliebt in Patrick (B 586).

HILLECHIEN Busenfreundin von → ZWANET VRAUWDEUNT (B 521). Sie ist Trauzeugin von Zwanet und Ernst Quispel (P 554).

HOMBREGTS Direktor einer kleinen Maschinenfabrik, späterer Ehemann von → Gonneke Stultiëns (G 185).

HOMBREGTS-STULTIËNS → STULTIËNS, GONNEKE.

HOOGH-STEY, MEVROUW DE Betagte Mitbewohnerin von Albert und Flix im Hause in der van Ostadestraat im Amsterdamer Viertel De Pijp (B 301). Sie stammt aus Helmond, wo sie als Verkäuferin gearbeitet hat. Im Ersten Weltkrieg lernt sie ihren Mann kennen, einen Amsterdamer, der in Helmond stationiert war (B 387). Nach dem Krieg tritt sie eine

Stelle als Verkäuferin in der Kalverstraat in Amsterdam an. Wohnt seit den zwanziger Jahren in der van Ostadestraat 209, 3. Stock. Ihr Mann stirbt in den sechziger Jahren (B 388-389).

HOUTEN, MR. VAN Staatsanwalt im Fall →KILIAAN NOPPEN (A 290).

HOUTSMA, JAPIE Sein Vater fällt aus großer Höhe auf ein Autodach (F 417; P 188).

HUGO Polizist in Lummel, dem Wohnort von →HENNIE AVEZAATH (B 182).

HUYGENS, CONRAD B. Nimwegener Studentenführer, der einige Jahre Niederländisch und Altphilologie studiert und in den sechziger Jahren experimentelle Prosa schreibt. Er publiziert in der Paperbackzeitschrift *Tandrad*, um »sich schließlich ganz dem Klassenkampf zu widmen«. Übersetzt kleine Bücher für den Verlag De Ster (G 349). Huygens hat wenig Mitleid mit Tieren (G 350).

ILEEN Freundin von Albert Egberts in der Zeit, als er mit →MARIKE DE SWART liiert ist (P 382).

IMCA Malerin, Verlobte von Onkel Hasje; auch »Miss Imker« genannt (S 84; G 176).

INEKE Freundin von→JERRY, gehört zu dem Kreis von Leuten, mit denen Albert Egberts im Winter 1977 in Groesbeek Schlittschuh läuft (B 314, 318), und die hemmungslos die Grenzen des Sex erkundet (P 496-512).

IRENE Pflegerin in der Psychiatrie in der Halve Mantelkliniek in Nimwegen, verliebt sich 1973 in Albert Egberts (F 105, 107-109).

IRENE Schwester von Karin, der Frau von Robert Egberts (W 24).

IVANA »Iwan«, toskanische Freundin von→MARA (P 443). 1979 wohnt→PATRICK GOSSAERT einige Wochen mit ihr zusammen (P 448).

JAAP Einer der Wärter im Amsterdamer Polizeipräsidium in der Marnixstraat. Jaap hat in der Nacht Dienst, in der →KILIAAN NOPPEN in seiner Zelle stirbt. Er unternimmt noch den Versuch, Kiliaan wiederzubeleben (A 459-462).

JAUWESZ, CAROLIEN Mädchen aus dem Villenviertel in Geldrop. Sie ist in Thjum verliebt. Im Juni 1971 wird sie bei einem Unfall mit Thjums Moped ernsthaft verletzt (F 165).

JAUWESZ, EVELYN Freundin von Albert Egberts (F 429). Albert und Evelyn haben sich für ein Musikfestival in Eindhoven im September 1969 verabredet. Albert betrinkt sich an diesem Abend zum erstenmal sinnlos (F 436). Gemeinsam mit Flix liefert Evelyn ihn zu Hause ab (F 437).

JERRY Freundin von → GIDEON SCHWANTJE, mit der Albert Egberts es im Winter 1977 während einer Schlittschuhpartie treibt (B 304, 312-324). Jerry zieht später nach Amsterdam. Die Nymphomanin verfolgt Albert weiter (B 413, 417-419).

JIP-JANNEKE »Godinneke«, eines der beiden handgreiflichen Kinder einer Freundin von → SHEILA DIJKSTAL und → MARLEEN (P 51).

JO Pädophiler in Den Bosch, bei dem sich Albert und Flix im Sommer 1976 einen Pornofilm ansehen (F 406-409).

JOJO Albert Egberts' Spitzname für → MARGERIE ZWERCKS (P 407).

JOL → VIOLA.

JOLIJN Lieblingswärterin von → HENNIE AVEZAATH im Amsterdamer Gefängnis Bijlmermeer (P 463, 610).

JUDITH Spielt Geige und Theater. Sie wohnt eine Zeitlang in Flix' Haus am Braven-Kanal in Den Bosch. Judith ist die Erfinderin des »kurzen« und des »langen Tees« (F 233).

JUK, ONKEL Penner. Albert Egberts folgt ihm am 23. Juli 1980 durch die Amsterdamer Innenstadt (P 730).

JULES Zechkumpan von Albert Egberts Vater aus Sint-Oedenrode (G 170).

JULIETTE Fünfzehnjährige Französin. Mit ihr hat Albert Egberts 1972 während seiner Ferien in Spanien eine Affäre (F 50).

KAREL Kunstmaler, Gast im Amsterdamer *Bierenbroodspot*, das Albert Egberts am Vorabend der »Schneenacht« im September besucht. Der Mann hat große Ähnlichkeit mit dem Komiker Marty Feldman (B 545).

KASPERTJE Freund von Flix (F 395).

KASTENHEUVEL, DOI VAN Holzpantinenschnitzer und Wochenendtrinker, Vater vom »Jüdele« (F 248-249) und Urgroßvater von Albert Egberts (F 250). Im Schlaf lief er betrunken Schlittschuh (F 249-250).

KATAN, MAURICE Deckname, den Albert Egberts gelegentlich benützt (B 646-647; P 30).

KATINKA Tochter von → JOHAN WENDELGELST (P 85).

KATRINČAK, KATHARINA Eine Art Pflegekind der Familie → SCHWANTJE, Rufname Toosje (F 20). Das Mädchen wird von Thjum auf der Straße aufgelesen. Ihr Vater ist ein »roter Spion«, ein Tscheche, der auf Nimmerwiedersehen verschwindet. Ihre Mutter ist fünfzehn, als sie Katharina bekommt. Sie hat das Kind sofort verstoßen (F 82-83). Toosje ist *go-between* zwischen Vater Schwantje und Albert und Thjum, die in dessen Zweithaus wohnen. Schwantje erfährt durch sie von allen Exzessen der beiden (F 84).

KERKHOF, MEVROUW VAN DE Nachbarin von → STIEN DE ROOS, der Mutter von → HENNIE AVEZAATH (B 167).

KETELS Nachbarn von Albert Egberts' Eltern in der Wemstraat in Geldrop (G 412).

KINNIGE, DR. Anfang der siebziger Jahre Dozent für Antike Philosophie an der Katholischen Universität Nimwegen, verdienstvoller Klavierspieler (G 512).

KIRSCHENBAUM, BARUCH D. Amerikanischer Kunstsammler (S 14). Baruch war in Lemberg der Jugendfreund von → AUGUST SCHWANTJE, Thjums Vater. Er ist 1975 bei den Schwantjes in Berg en Dal zu Besuch (B 141). Kirschenbaum ist der Meinung, die Randstad sei die größte Stadt der Niederlande, vergleichbar mit Los Angeles (B 142).

KJELT Punk, wohnt eine Zeitlang über Albert Egberts in der van Ostadestraat, zusammen mit seiner siebzehnjährigen Freundin »Rattenkopf« (P 653).

KLAVEREN, DR. VAN Arzt beim Gesundheitsamt, nimmt im Polizeipräsidium Amsterdam in der Marnixstraat die Leichenschau bei → KILIAAN NOPPEN vor (A 461, 464).

KLEID, DAS Transvestit, der Albert und Thjum in ein makrobiotisches Restaurant in Nimwegen mitschleppt (B 134-135).

KLEYE, MATTIE VAN DER Schulkamerad von Albert Egberts am St.-Georgius-Kolleg in Eindhoven. Mattie ist eine Klasse über Albert (G 247). Er »macht« es mit einem Mädchen, und das kann man an ihm riechen (G 247). Der Junge leidet an Leukämie und stirbt 1964 (G 247).

KLEYNEL, VAN Geschichtslehrer am St.-Georgius-Kolleg in Eindhoven, steckt zerstreut seinen Arm bis zum Ellbogen in die Hose (G 244).

KLOSSER Priester und Philosophieprofessor an der Universität Nimwegen, spezialisiert auf Metaphysik (G 291). Albert Egberts legt am 4. Oktober 1976 bei ihm sein Vordiplom ab (B 56). Klosser ist eine Autorität auf dem Gebiet von Kant und Hegel. Er sieht Bauer Koekoek ähnlich und spricht mit westfriesischem Tonfall (B 111). Außerdem ist er ein berühmter Kenner des Werks von Anneke Grönloh (B 114-115).

KNIJN ERNST Quispels Nachbar in der Kuipersstraat in Amsterdam. Der Mann rückt mit einem Tischbein den auf dem Bürgersteig parkenden Wagen der Autovermietung Bouke Aas zu Leibe (A 427).

KNOTTEN, WILLY Geht mit Albert auf die Grundschule, die Frater-Andreas-Schule in der Kettingstraat in Geldrop. Willy verbringt ein Jahr auf dem St.-Georgius-Kolleg in Eindhoven, verschwindet dann aber auf die Geldroper Mittelschule (G 243). Albert sieht bei Willy an dem Tag fern, als John F. Kennedy ermordet wird (B 531).

KO, TANTE Frau von → ONKEL ARIE (B 18-20).

KOOP CNOOPSGAT Jurist, Gemeinderatsmitglied in Amsterdam für die PvdA (Partei von der Arbeit). Er plädiert für die vollständige Veröffentlichung des Berichts im Fall → KILIAAN NOPPEN (A 336).

KOPLAND, MAAIKE → BOEZAARDT-KOPLAND, MAAIKE.

KORSTANJE, ELS Auch Elisabeth, späterer Name von → HENNIE AVEZAATH (B 22; P 608-609).

KRELIS → KRIJN.

KRIJN Dichter und Zuhälter, Inhaber des *Ferdy* in der Ferdinand Bolstraat in Amsterdam (B 564, 567 ff.). Albert Egberts besucht die Kneipe am Vorabend der denkwürdigen »Schneenacht« im September. Von Krijn bekommt Albert sein erstes Kokain (B 573). Albert hat übrigens seinen Namen nicht richtig verstanden: Krijn, aber es könnte auch Nelis, Krelis oder Tinus sein. Jedenfalls hat der Mann einen bäurischen Namen (B 568). Albert und Krijn ziehen zusammen los in die Stadt und in die (Schnee-)Nacht (B 577-578).

KROOK, PROF. Leiter des Toxikologischen Labors der Universitätsklinik Leiden. Erstellt zusammen mit → PROFESSOR SMÖLLER ein Gegengutachten im Fall → KILIAAN NOPPEN (A 338).

KUNKELER, DRS. Toxikologe am Naturwissenschaftlichen Laboratorium in Leiden. Wohnt der Exhumierung von → KILIAAN NOPPEN bei (A 474).

KUSTER, DE Inhaber einer Kneipe in Geldrop. Verkauft Rollmöpse gegen Alkoholfahnen (G 45).

LAMOTH »Die Motte«, Beifahrer von → ZWANET VRAUWDEUNTS Vater Otto (P 748).

LAMPING »Die Lampe«, Beifahrer von → ZWANET VRAUWDEUNTS Vater Otto (P 748).

LAURA Inhaberin der Kneipe *De Tempelier* in Nimwegen (F 159-160).

LEA Hebamme, steht → ZWANET VRAUWDEUNT am 20. Mai 1985 bei der Geburt ihrer Tochter → CYNTHIA bei (A 289).

LEENTGE Albert Egberts lernt sie 1972 im Zug von Spanien in die Niederlande kennen. Sie ist Jugoslawin und Ende der sechziger Jahre mit ihrem Vater, ihren Brüdern und ihrer Schwester aus Titos Heilsstaat nach Paris geflüchtet. Leentge ist morphiumsüchtig. Anfang der siebziger Jahre wohnt sie bei Bekannten in Paris, den Deyrichs. Sie bittet Albert, in eine Scheinehe einzuwilligen (F 60-69).

LEI → LEO.

LENI 1960 Familienpflegerin bei den Egberts, als die Mutter wegen einer Operation im Krankenhaus liegt (F 343-344).

LEO Mitbewohner von Milli Händel im Studentenwohnheim Hoogeveldt in Nimwegen. Leo ist Limburger, studiert Geschichte und wird von seinen Freunden »Lei« genannt (G 385). Lei gehört zu Alberts Nimwegener Freundeskreis, der ab 1977 gemeinsam Schlittschuh fährt und Orgien feiert (B 450; P 530-531).

LEX Freund von → ROBBY EGBERTS (W 85). Lex ist in kriminelle Machenschaften verwickelt; ansonsten versorgt er die jungen Schäferhunde im Zuchtbetrieb seines Vaters. Er hat für sie einen ingeniösen Freßnapf erfunden (W 87-88).

LIBERACE Amerikanischer »Klavierheini«, den → GESÙ PORPORÀ in Positano kennenlernt (B 54-55).

LILIANE Picklige Freundin von Daniël van 't Erf (G 349).

LODEWIJCKXS, FREDDY Klassenkamerad von Albert Egberts auf der Grundschule (F 410-411). Lodewijckxs studiert später in Utrecht Theologie (F 412).

LOEK Einer der Hahnenkämme, die bei Ernst Quispel einbrechen (A 24).

LOPIK Totengräber in Geldrop. Er ist der Nachbar der Familie Egberts (G 50). Lopik ist Wärter des protestantischen Friedhofs am Nuenenseweg (G 64-65).

LOPIK, DIEDERIK Geistig zurückgebliebener Sohn des Totengräbers (G 62).

LOPIK, JAN Ältester Sohn des Totengräbers (G 52).

LOPPAN Kosename der Mutter von → KILIAAN NOPPEN (A 103).

LOTSAPOPPA Spitzname eines Kleindealers, der auf der Straße »lots of poppers« anbietet (P 351). Aufgrund des Verdachts, in einem Chinarestaurant Albert Egberts' Freundin das Portemonnaie gestohlen zu haben, wird er Anfang Oktober 1978 von Albert verfolgt (P 351-354). Im Sommer 1980 ist er bereits seit einiger Zeit tot (P 636).

LOUISE Schwester von → HILDE. Freundin von → PATRICK GOSSAERT (B 586; P 469).

LUCAS Türsteher der Discothek *Dogshit City* (B 583).

LUISTERENBURG, OPA VAN Einer der Kneipenfreunde von Albert Egberts sen. (G 93).

LUMUMBA Spitzname von Dorfpolizist → PROPERS in Geldrop, ein Mann von dunklem Äußeren und mit schwerer Kieferpartie (F 265; P 119-121).

LYDIA Jugendliebe von Albert, mit siebzehn in Spanien vergewaltigt. »Seitdem schnitt sie Männern in die Seele.« (P 76)

MAADEN, VAN DER Bewährungshelfer, der → HENNIE AVEZAATH am 30. April 1980 zu ihrer neuen Wohnung begleitet (P 609).

MAAS, CAROLUS Mopedrowdy. Carolus hackt einem Eichhörnchen den Schwanz ab, um ihn als Trophäe an seiner Zündapp mitzuführen (S 39). Er ist der Sohn der Nachbarn von Alberts Großeltern in Tivoli und »ein verwöhntes Balg« (F 485).

MADELON Fotomodell, das Ernst Quispel am Pfingstwochenende 1986 im Hotel Starckenborgh auf Schiermonnikoog kennenlernt (A 493).

MADELON Gehört zu Albert Egberts' Nimwegener Freundeskreis (B 450; P 478). Madelon wohnte früher im Villenviertel von Geldrop. Albert hat sie entjungfert. Er hat Madelon in *Die Kapelle*, seine *Enzyklopädie der Vulva*, aufgenommen (P 479-480).

MAGGY →ZWERCKS, MARGERIE.

MALOU 1976 Freundin von Ernst Quispel (A 268). Malou bereitet sich auf einen flotten Dreier mit Quispel und Thjum in ihrer Wohnung in der Marnixstraat in Amsterdam vor, doch die Sache findet nicht statt (A 278-281).

MANUS →HERMAN.

MARA »Maìra«, römische Freundin von Albert Egberts. Mara liebt Rollmöpse und leidet unter Schuppen (P 25-26, 443-444).

MARCO Adoptivkind der Familie →WENDELGELST, das Albert Egberts 1977 im Auftrag von →GESÙ PORPORÀ von Neapel in die Niederlande bringt (P 85, 756). Der kleine Junge verschwindet kurz, bevor Albert ihn übergibt, im Amsterdamer Kaufhaus De Bijenkorf (P 760-762).

MARCUS Buchhalter in einer Firma mittlerer Größe, in der »Schneenacht« Besucher eines Nachtclubs (B 612-613).

MARGERIE →ZWERCKS, MARGERIE.

MARGOOTJE Eine von Ernst Quispels Freundinnen. Ihr Handicap ist, daß sie ständig errötet (A 182-183).

MARGRET »Die Schlitzäugige«. Albert Egberts ist in seiner Berg en Dalse-Zeit in sie verliebt (G 13). Er teilt das Bett mit ihr (G 13-15).

MARIA Auch Mietje genannt, Inhaberin der Imbißstube *Pietje & Mietje* in Braakhuizen (G 213). Eines Tages warnt sie Albert, daß sein Vater und ihr Mann auf der Kirmes in Geldrop fürchterlich auf die Pauke hauen (G 214).

MARIA ANGELES Spanische Nutte, die Ernst Quispel im Frühjahr 1977 im Amsterdamer Rotlichtviertel anspricht (B 403). Maria zieht für ungefähr zwei Wochen zu Quispel (B 453-456).

MARIJKE Hure, Berufsname »Mariska«, wird von einem Zuhälter aus der Ferdinand Bolstraat in Amsterdam unterhalten (B 401).

MARIO-MARIA Transvestit in Neapel, Teilnehmer am Lottospiel im *La Tatamella* (P 211).

MARJAN Arbeitet 1976 in einem Eindhovener Bordell (B 630).

MARLEEN Freundin von →SHEILA DIJKSTAL, zieht gemeinsam mit ihr deren Kind sowie ihr eigenes auf (P 47).

MARTHA Eine der Zechkumpaninnen von Albert Egberts sen. (G 94).

MECHELIEN →ZWERCKS, MARGERIE.

MERKS, MR. Anwalt von Ernst Quispel, der ihn bei seiner Zeugenaussage im Fall → NOPPEN berät (A 470).

MEULENDIJCKXS Lehrer von Albert Egberts und Felix Boezaardt in der fünften Klasse der Grundschule im Geldroper Stadtteil Braakhuizen (G 144, 168-169; B 42; P 149).

MIDAS Nachbar von Albert, Flix (und Freek) in der van Ostadestraat im Amsterdamer Stadtviertel De Pijp. Midas schreibt eine Diplomarbeit über die Republik der Südmolukken (B 658-659; P 22, 572).

MIETJE → MARIA.

MILDER Stammgast im *Het Wapen van Lummel*, der Kneipe im Wohnort von → HENNIE AVEZAATH (P 622).

MIX, WIM Verfasser kulinarischer Kolumnen. → SUX COX posaunt herum, daß sie mit ihm im Bett war (B 517).

MOEI, DE Inspektor bei der Kriminalpolizei in Amsterdam (A 438). De Moei besucht am Königinnentag 1986 zusammen mit seinem Kollegen → HANEKROOT Ernst Quispel (A 438-456).

MOESKOPS, MIES Schwabbeliger Junge, durch den Albert Egberts seiner Freundin → FRANCINE POEF Briefe zustellen läßt (P 220).

MONIEK Arbeitet 1976 in einem Eindhovener Bordell (B 631).

MONTUUR, DR. Dozent für Naturphilosophie an der Universität Nimwegen. Er gehört dem Prüfungsausschuß an, vor dem Albert Egberts sein mündliches Vordiplom ablegt (B 111).

MURAT Dem Richter zufolge der richtige Name von Ali, Albert Egberts' Pusher (S 68).

NAAYKENS Albert Egberts Mathematiklehrer an der Höheren Bürgerschule in Eindhoven, stirbt an Lippenkrebs (G 11-12).

NEL, TANTE → VAN DER SERCKT, NEL.

NELIS → KRIJN.

NELKE-DYNAMENE Eines der Kinder von → MARLEEN und → SHEILA DIJKSTAL (P 48).

NELLY Bardame in einem Lokal in der Amsterdamer Jan Pieter Heijestraat, in dem Albert Egberts am 30. April 1980 die Szene mit dem »aufgebahrten alten Mann« beobachtet (B 18).

NOP, DR. Spitzname von → KILIAAN NOPPEN (A 124).

NOPPEN Vater von Kiliaan. Er sucht nach dessen Tod Kontakt zu Ernst Quispel mit der Bitte, als Sprecher der Familie zu fungieren (A 54-59). Die Familie Noppen wohnt in der Lomanstraat in Amsterdam (A 103).

NOPPEN, KILIAAN Geboren am 31. Januar 1967 (A 291), dem Obduktionsbericht zufolge am 26. April 1985 zwischen sechs und zehn Uhr morgens in einer Polizeizelle verstorben (A 294). Todesursache: »Eine Kombination aus Amphetamin beziehungsweise Speed, Alkohol, Librium und einem schlechten Gesundheitszustand, wobei letzterer in erster Linie von einer vernachlässigten Gelbsucht herrührte.« (A 291)

Am Donnerstag, dem 25. April, um halb sieben Uhr abends, wird Kiliaan wegen des Verdachts des Landfriedensbruchs bei der Räumung des ehemaligen Untersuchungsgefängnisses festgenommen. Um halb neun wird er dem Wachhabenden vorgeführt (A 294-295). Danach wird er um Viertel vor elf in Zelle B 19 des Polizeipräsidiums eingeschlossen und stirbt dort (A 457). Kiliaan trug immer eine weiße Ratte auf seiner Schulter (A 329); er nannte sie Sid, nach Sid Vicious, dem Sänger und Baßgitarristen der Sex Pistols (A 451).

NORCINO Schäferhund des italienischen Rauschgiftdezernats, wegen dem Albert und Flix während ihrer Zugreise nach Neapel einiges auszustehen haben (P 163).

NORMANNE, ERIK DER Spitzname einer grobschlächtigen Nachbarin von Albert und Flix in der van Ostadestraat im Amsterdamer Viertel De Pijp (B 343, 345).

OBBES, JANTJE Bedroht den elfjährigen Albert Egberts mit einem Messer (F 443).

ODILE → AMANDSBERG, ODILE.

OLREE, RIK Eigentümer des Hauses am Kloveniersburgwal in Amsterdam, in dem Ernst Quispel und Zwanet Vrauwdeunt wohnen (A 52, 65; P 739).

OTY → AUTARCHINA.

OUIESJE → LOUISE.

PADDY Sologitarrist in der Band von Freek Egberts (B 516).

PALINX PROF. Professor für Philosophie der Kunst an der Universität Amsterdam (B 221).

PASJE Der Hund der Mutter von → HENNIE AVEZAATH (B 125).

PAUL Kassenverwalter im Zeitarbeitsbüro De Stuit (B 413).

PEPIJN »Kotijn«, Sohn einer Freundin von → SHEILA DIJKSTAL und → MARLEEN (P 51).

PERUZE Hosteß bei Aphrodite Hellas Ltd., der Gesellschaft, der die MS MISTRAL gehört, auf der Ernst Quispel und Zwanet Vrauwdeunt während ihres Urlaubs 1985 eine ziemlich enttäuschende eintägige Kreuzfahrt machen (A 345).

PETRA Albert Egberts ist mit acht Jahren verliebt in sie. Er träumt, er sei mit ihr verlobt (B 354-356).

PHILIP Freund von → ODILE AMANDSBERG (P 372).

PIET D'N DIEF Spitzname der Den Boscher Lebensmittelkette De Gruyter. Flix lernt im Gefängnis in Den Bosch einen betrügerischen Buchhalter dieser Firma kennen. Der Mann ist der Sohn des Klempners, der Flix das Haus am Braven-Kanal verkauft (F 230-231).

PIETJE Inhaber der Imbißstube *Pietje & Mietje*, macht mit Albert Egberts sen. während der Geldroper Kirmes 1963 eine Sauftour (G 213-214).

PIXLEY, DR. Einer der Hahnenkämme im ehemaligen Untersuchungsgefängnis II in der Amsterdamer Havenstraat (A 141).

PLAGGEMARS, PIETER Ältester Sohn von → WIM PLAGGEMARS und HENNIE AVEZAATH (B 106, 118-121, 165).

PLAGGEMARS, WIM Ehemann von → HENNIE AVEZAATH. Plaggemars arbeitet als Gärtner bei der Gemeinde Arnheim (B 65-66, 168).

PLAGGEMARS-AVEZAATH, HENNIE → AVEZAATH, HENNIE.

PLAK, VONNA Süßwarenkönigin, Inhaberin eines Süßwarenladens im Geldroper Stadtteil Braakhuizen (G 231).

POEF, FRANCINE Für Albert Egberts »Franci«, seine Freundin, als er zwölf Jahre alt ist. Francine ist eine Kusine von Govert und Flix Boezaardt. Albert küßt sie bei seinem ersten »Bähßn« im Hause der Boezaardts (B 153). Später können die beiden sogar »bis Hundert« küssen. Albert schreibt Francine Briefe. Francine verkündet den Schluß über → MIES MOESKOPS, einen dicken Jungen, der über alles lacht (G 356; P 220).

POEKE Katze in dem Haus, in dem → HENNIE AVEZAATH putzt (B 89).

POL »Polly«, Mitte der siebziger Jahre Freund von Albert Egberts' Schwester Mariëtte. Er wohnt mit ihr zusammen in der Nicolaas Maesstraat in Arnheim. Pol ist Fotograf und betrachtet seine Arbeit als eine Art bildender Kunst (B 187, 189).

POMERANS, DR. Arzt beim Städtischen Gesundheitsamt Amsterdam, der → KILIAAN NOPPEN in der Zelle besucht hat (A 293, 463-464).

PORPORÀ, GESÙ Klein ausgefallener Mann mit übelriechendem Atem (P 208, 266-267). Gesù wird 1945 als Sohn einer Neapolitanerin und eines amerikanischen Marinesoldaten geboren (B 50). Albert und Flix sehen ihn am 20. April 1985 in einem Dokumentarbericht im Fernsehen. Er wird darin als Elfenbeinhändler in Hongkong interviewt (A 264).

Gesù ist Mitte der siebziger Jahre im Kinderhandel tätig (B 50-51). Von Neapel aus liefert er auf Bestellung Babys (B 177). Albert Egberts leistet Kurierdienste für ihn (B 420). 1980 stellt sich heraus, daß Gesù in Thailand gelandet ist, von wo aus ein Netz von Kinderräubern operiert (B 14-15, P 700-701, 770-776).

POTTER Hat einen Bauernhof, der an das Egbertsche Haus in Geldrop grenzt. Albert schaut Bauer Potter beim Schlachten zu und muß einem toten Schwein die Hand geben (G 72-76, 83-87).

PROPERS Polizist in Geldrop. Wegen seines dunklen Äußeren hat er den Spitznamen »Lumumba«. Alberts Egberts' Eltern beschweren sich bei ihm über Lärmbelästigung seitens ihrer Nachbarn, der → FAMILIE BROECKXS (F 265-270).

PROSA Eines der Mädchen im Dienste von → GESÙ PORPORÀ (B 52).

QUAHANNES, BIRGITTA Freundin von → ZWANET VRAUWDEUNT, auch »Git« oder »Bir« genannt (B 528, 534).

QUISPEL, ANNA Schwester von Ernst Quispel. Anna hat nichts gegen Sprachverluderung (P 777).

QUISPEL, CARL Bruder von Ernst, fungiert als Trauzeuge bei dessen Hochzeit mit → ZWANET VRAUWDEUNT (P 554).

QUISPEL, CYNTHIA Tochter von Ernst Quispel und Zwanet Vrauwdeunt, geboren am 20. Mai 1985. Cynthia wird von den Hähnen entführt; sie wird tätowiert wiederaufgefunden (A 290-291, 383-395).

QUISPEL, DON Journalist bei *Nederland op Zondag*. Er wohnt am Groenburgwal 65 in Amsterdam (A 67, 216, 473-474).

QUISPEL SEN., MR. ERNST Ist als Anwalt am Fall → HENNIE AVEZAATH beteiligt (B 71, 436, 439).

QUISPEL, ERNST MAXIMILIAAN Geboren am 6. Februar 1948 in Haarlem. Quispels Vater ist niedergelassener Anwalt in Haarlem. Ernst nimmt 1966 sein Jurastudium in Amsterdam auf und wohnt zur Untermiete in der van Breestraat. Der junge Quispel tritt einer Studentenverbindung bei (A 206-207). Nach Beendigung des Studiums 1972 gehört er der Familiensozietät in Haarlem an, verläßt sie jedoch wegen Bedenken hinsichtlich deren kommerzieller Haltung Mitte 1976 (A 266-267). Quispel zieht daraufhin nach Amsterdam in die Kuipersstraat und tritt am 1. September 1976 in ein Sozialanwaltskollektiv mit einer Rechtsberatungsstelle im Viertel De Pijp ein (A 267, 399-400). Ernst wird von seinem ehemaligen Studienkollegen John Vlacq angeworben (A 267).

Quispel hat wegen seiner Dipsomanie, dem Quartalstrinken, den Spitznamen »Dip« (A 10, B 481). Vom Trinken hat er auch seinen Embonpoint (A 86-88). Im September 1977 kämpft er wieder einmal mit einem schweren Anfall von Dipsomanie (A 400). Am 22. September trifft er in der Amsterdamer Disco *Dogshit City* im Hellebaardsteeg Alberts Freundin → ZWANET VRAUWDEUNT (A 403; B 586, 599). Um Viertel nach zwei geht er nach Hause (A 411). Zwanet sucht ihn da kurz darauf mit der Mitteilung auf, sie sei vergewaltigt worden. Wütend glaubt Quispel, sie erfinde nur eine Ausrede, und schläft mit ihr (A 411-426). Am 6. November 1979 bestellen Zwanet und Quispel das Aufgebot (P 546). Am 24. Dezember heiraten sie (P 554). Zu der Zeit wohnt Ernst in einer kleinen Wohnung (P 554), zieht jedoch im Juli 1980 mit Zwanet in den Kloveniersburgwal 65 (P 713) und später in eine luxuriöse Wohnung in der van Wassenaarstraat in Amsterdam-Zuid um (A 359-360). Im Herbst 1981 arbeitet er an seiner Dissertation (A 319). Am 20. Mai 1985 wird ihre Tochter Cynthia geboren. Im August 1985 macht er mit Zwanet eine Urlaubsreise nach Griechenland (A 335).

Nach dem Tod ihres Sohnes bitten die Eltern von → KILIAAN NOPPEN Ernst Quispel, ihre Interessen wahrzunehmen. Später tritt er im Fall Noppen als Zeuge auf, weil er in der Nacht, in der Kiliaan starb, wegen öffentlicher Trunkenheit in der gegenüberliegenden Zelle eingeschlossen war und somit einiges gehört und gesehen hat. Seine unter dem Druck der Hausbesetzer zustande gekommene Zeugenaussage führt 1986 zur Wiederaufnahme des Falls Noppen. Im Juni dieses Jahres wird Meester Quispel vom Kontrollrat, dem Disziplinargremium der Anwaltskammer, wegen der Unterschlagung von Informationen und der bewußten Täuschung seiner Mandanten für vierzehn Monate suspendiert (A 528).

QUISPEL, ISABEL Schwester von Ernst, geboren 1946 (A 206).

QUISPEL, MAX Eineinhalb Jahre jüngerer Bruder von Ernst (A 206). Max ist Präsident der Anwaltskammer des Gerichtsbezirks Amsterdam, der in einem Interview für den Ausschluß seines Bruders → ERNST QUISPEL plädiert (A 528).

RATTENAUER, FRAU Mutter, die in einem Supermarkt in Dortmund ihr Kind aus dem Auge verliert. Albert Egberts weiß, was das bedeutet; schließlich hat er die gleiche Erfahrung gemacht (P 763-765).

RATTENAUER, KARIN Mädchen, das aus einem Supermarkt entführt und später getötet wird (P 766).

RAVENSTEIN, PETER VAN Wenig cleverer Drogenkurier, gemeinsam mit Flix Boezaardt und → HENRI GOVERS Ende der sechziger Jahre unterwegs (F 432).

»REUSJE« Liliputaner aus Geldrop, kommt mit seinem Kinderfahrrad unter einen Anhänger (P 210).

RICKY Klassenkamerad von Albert Egberts in der ersten Grundschulklasse (G 113).

RIESIN, DIE Spitzname einer Frau, die zu Alberts Freundeskreis in Nimwegen gehört (B 314, 319, 450; P 533).

RIKKEN, MEJUFFROUW Stellvertretende Staatsanwältin am Arnheimer Gerichtshof. Sie ist 1972 an der Vernehmung von Hennie Avezaath beteiligt (B 250).

RINKO (Adoptiv-)Sohn von → JOHAN WENDELGELST (P 85). Der Junge zeigt Verhaltensauffälligkeiten; er ist von einer »Gepse« gestochen worden. Rinko entpuppt sich als Opfer von Kinderpornofilmern (P 114-117).

RINUS Einer der Gefängnisaufseher im Amsterdamer Polizeipräsidium in der Marnixstraat, anwesend in der Nacht, in der → KILIAAN NOPPEN in seiner Zelle stirbt (A 456).

ROOS, STIEN DE Mutter von Hennie Avezaath. Am Freitag, dem 7. April 1972, kommt sie unter verdächtigen Umständen ums Leben, genau wie zuvor schon ihr Mann → PIETER AVEZAATH (B 145).

ROSIËLLE, EL Lang geratener Schulkamerad von Albert Egberts (P 379).

ROSITA Gefleckte Katze der Nachbarn von Ernst Quispel (A 50-51).

ROXANE Hausbesetzerin, der Ernst Quispel im Prinsengracht-Krankenhaus in Amsterdam begegnet. Er wird sie auch in der Studentendisco *Dogshit City* treffen. Roxane ist ein Mädchen mit gelbem Haar, in das ein grünes Kreuz gefärbt ist (A 101-102). Der Anwalt nimmt sie mit dem Taxi in sein Pied-à-terre in der Havenstraat mit (A 112-118). Er geht mit ihr ins Bett, obwohl er weiß, daß → DR. NOP in sie verliebt ist (A 158-159, 230).

RUTH »Rutti-Futti«, zwergenhaftes fast albiotisches Mädchen, die auf demselben Flur wie → MILLI HÄNDEL im Studentenwohnheim in Nimwegen wohnt. Ruth, die Theologie studiert, leidet an Anorexie (G 399-400).

RUTTEN Menschenscheuer Spritzer in der Hombregts-Fabrik; Kollege von Albert Egberts sen. (G 277).

SAATKRÄHE, DIE Spitzname der Frau von Norbert Egberts wegen ihres krächzenden Lachens (G 303-304).

SALES, COR Einer der Stammgäste im *Het Wapen van Lummel*, der Kneipe im Wohnort von Hennie Avezaath (P 600).

SANDER Klassenkamerad von Albert Egberts in der ersten Grundschulklasse (G 113).

SARIS, JUFFROUW Albert Egberts' Lehrerin in der ersten Grundschulklasse (G 113; P 148).

SASKIA Mithäftling von Hennie Avezaath (B 72).

SCHAELENKAMP, DIENEKE VAN Nachbarin der Familie Egberts in der Geldroper Textielstraat. Sie macht Alberts Mutter darauf aufmerksam, daß ihr Schwager Egbert verdächtig häufig zu den Boezaardts geht (G 151). Dieneke gerät bei der Beerdigung ihrer Tochter Josje fast außer sich (G 309-310).

SCHAELENKAMP, JOSJE VAN Mädchen aus Albert Egberts' Nachbarschaft, stirbt mit vier Jahren an Leukämie. Albert ist einer der Sargträger bei ihrer Beerdigung (G 309).

SCHOORL, VAN Stellvertretender Staatsanwalt in Arnheim, der 1972 über die weitere Inhaftierung von → HENNIE AVEZAATH entscheidet (B 203).

SCHUTJES Nachbar von Alberts Großvater. Er wird vom Großvater mit einer antiken Pistole bedroht (F 252).

SCHWANTJE, AUGUST 1918 in Lemberg geboren. August wurde, nachdem Lemberg den Russen in die Hand gefallen war, in die russische Armee eingezogen und kämpft so an der Seite Stalins gegen die Nazis (F 88-89). Kurz nach dem Krieg lernt er in den Niederlanden → BARUCH D. KIRSCHENBAUM kennen, der mit der amerikanischen Armee von Süden her einmarschiert war. Kirschenbaum soll Schwantje zum westlichen Liberalismus bekehren (S 47). Viele Jahre später bringt Schwantje Albert Egberts mit diesem Kirschenbaum in Kontakt.

Schwantjes gesamte Familie ist von den Nazis ausgerottet worden. August, der im Geldroper Schlachthaus arbeitet, wohnt Anfang der sechziger Jahre in der Baron van Tuyll van Serooskerkenstraat. Alberts Mutter bekommt dort eine Stelle als Putzfrau. So kommt Albert in Kontakt mit den Schwantjekindern, an erster Stelle mit Thjum und darüber hinaus mit Beertje, Fredje, Gidi und Cristiaan; später auch mit dem kleinen Charles und dem Pflegekind Toosje (F 20). Albert schaut zu, wie August bei Bauer Potter schlachtet (G 72-76).

1962 läßt sich Schwantje von seiner → FRAU, MEVROUW SCHWANTJE-ZELIGMAN, scheiden und heiratet → GONNIE STULTIËNS (G 206). Am 1. Januar 1963 tritt er bei Big-B-Oss, einem Fleischverarbeitungsbetrieb, eine Stelle als stellvertretender Direktor an. Er läßt sich in Berg en Dal nieder, zusammen mit Gonnie und seinen beiden Söhnen Gidi und Cristiaan. Thjum bleibt mit seinen Schwestern vorläufig bei seiner Mutter. Gonnekes Tochter → MILDRED wird zu den Nonnen in Beek ins Internat gesteckt (G 210).

SCHWANTJE, BERENDINA Schwester von Thjum, Spitzname Beertje, Ballettänzerin (F 21). Als Kind schreibt sie Albert Egberts Briefe, in denen sie ihn bittet, sie zu heiraten. Als Mevrouw Schwantje krank ist, wird Beertje eine Zeitlang in die Obhut der Putzfrau, Alberts Mutter, gegeben. Albert und Beertje spielen ihre ersten erotischen Spiele (F 92-93). Als Albert zwölf ist, übernachtet Beertje bei ihm zu Hause. Albert kriecht nachts zwischen Mariëtte, seiner Schwester, und Beertje ins Bett (G 205). Beertje heiratet später den Bankangestellten → TIJMEN (F 93-94, 203).

SCHWANTJE, CHARLES Auch »Scharrel« genannt. 1966 aus der Ehe Schwantje-Stultiëns hervorgegangen (F 20, 204). Charles ist somit ein Stiefbruder von Thjum (und Milli).

SCHWANTJE, CRISTIAAN Typisches Reiche-Leute-Söhnchen, Bruder von Thjum. Er wird von der Polizei verdächtigt, etliche Hektar Naturschutzgebiet angezündet zu haben, weil er dort nicht mit seinem Fahrrad fahren durfte (F 20, 90).

SCHWANTJE, FREDERIKA Schwester von Thjum, Spitzname Fredje. Ihre Schönheit und Dummheit sind sprichwörtlich (F 20-21). Albert Egberts ist eine Weile verliebt in sie (F 35). Während ihre Eltern in Urlaub sind, verbringt er eine Nacht mit ihr im elterlichen Schlafzimmer (F 85).

SCHWANTJE, GIDEON Auch Gidi genannt, ältester Bruder von Thjum. Gideon ist noch Metzgerlehrling, als er → MARIKE DE SWART schwängert (G 477-480). Nach Abschluß der Metzgerfachschule wird er Aufseher der Schlachterei bei Big-B-Oss (B 312-313). Gideon gehört zum Nimwegener Freundeskreis von Albert Egberts (B 312-324, 450; P 536).

SCHWANTJE, THEO »Thjum« für seine Freunde. Thjum ist am 1. Mai 1950 geboren (F 161). Albert sieht ihn zum erstenmal bei dessen Vater auf dem Fahrrad, als dieser zum Schlachten zu Bauer Potter fährt: »Albert beschloß auf der Stelle, das Kerlchen nicht ausstehen zu können« (G 72).

Als Kind war Thjums Zunge an seinem Gaumen angewachsen. Dadurch konnte er erst mit fünf Jahren sprechen. Am 23. November 1955 sagt er seine ersten Worte »Mama! Mama! ... das ist die Luft! Und das ... und das ... ist die Lust!« (F 15). Thjummi erwirbt sich den Spitznamen »der Prophet«, als er mit acht Jahren am Sederabend den für den Propheten Elia bestimmten Becher Wein austrinkt. Im Herbst 1959 kommt der Junge zum erstenmal zu Albert Egberts nach Hause (F 326). Auf der Grundschule sitzt er mit Albert in derselben Klasse; später gehen sie beide aufs Augustinianum. Thjum weiht Albert in die Welt der Sexualität ein (G 202-204). 1963 lernt Theo Schwantje auf der Geldroper Kirmes Flix Boezaardt kennen (G 215-216). Im August 1963 kommt er zu den Jesuiten nach Nimwegen (F 9); er landet auf dem Canisius-Kolleg (F 14). Thjum wird im Mai 1976 von Flix »entjungfert« (F 395; A 273-274; B 43).

Im selben Jahr bekommt Theo in Amsterdam einen Job

als Postsortierer (B 226). Später schließt er sich der Theatergruppe Handke-Weiss an (P 145). Thjum lernt Ernst Quispel im *Dogshit City* kennen und geht mit ihm ins Bett (A 268-273; B 44). Im Oktober desselben Jahres läuft er in der Nähe des Stedelijk Museum Flix wieder in die Arme (B 42). Anfangs wohnt Thjum im Haus von Freunden in der Wouwermanstraat (B 45), später hat er eine eigene Wohnung am Grimburgwal (B 641). Im Juli '77 besucht er zusammen mit Flix in Paris *The Art Show* von Kienholz (P 134). Ende 1977 spielt Thjum die Hauptrolle in *Die Chinesische Mauer*, einem bearbeiteten Theaterstück von Max Frisch (P 98). Er stirbt am 31. Dezember 1977 in Neapel bei einem Unglück: Er steht Flix Modell und erstickt im Gips (P 253-258). Thjum ist in der Heilig Landstichting beerdigt (P 292).

SCHWANTJE-ZELIGMAN, ROSIE Erste Ehefrau von August Schwantje (F 26). Die Ehe wird 1962 geschieden. Thjum bleibt bei seiner Mutter, doch die Situation wird unhaltbar, und sie setzt ihn vor die Tür (G 211; P 289). Nach der Scheidung wohnt Mevrouw Schwantje in einer Wohnung am Coevering in Geldrop und verfällt dem Alkohol (F 351; G 211). Im Winter 1970/71 fällt sie von der Treppe, und auch Albert Egberts merkt, daß sie eine Perücke trägt (F 185-186).

SEIJFFARDT, ARTHUR Komponist (A 68). Arthur ist ein Bekannter von Albert Egberts (B 590-595). Er wohnt in den achtziger Jahren in Amsterdam am Kloveniersburgwal 47 A (A 172). Seijffardt komponiert anläßlich der Beerdigung seines Freundes ein Musikstück (P 712). Er schreibt auch die Musik für die Oper *Victor IV.*, die am 23. September 1986 bei der Eröffnung des »Schuhkartons« in Amsterdam Premiere haben soll (sollte). Albert Egberts hat das Libretto dafür geschrieben (A 549).

SEP Jugoslawe, Zellengenosse von Flix im Gefängnis in Neapel (P 668).

SERCKT, FRANS VAN DER Hat, so heißt es in der Familie, Johannes, Albert Egberts' Urgroßvater, eine Kartoffel an den Kopf geworfen. Dieser soll deshalb einen Schlaganfall erlitten haben und gestorben sein (F 445-446).

SERCKT, FREEK VAN DER Onkel von Albert. Onkel Freek diente bei der Marine (G 163) und ist für den Unterhosenscherz berüchtigt, den er bei Familienfeiern zum besten gibt (G 164).

SERCKT, HANNY VAN DER →EGBERTS-VAN DER SERCKT, HANNY.

SERCKT, HASJE VAN DER Geboren 1940, jüngster Bruder von Hanny, die ihm als Kind die Flasche geben muß und dafür von der Haushaltsschule genommen wird (F 286-287). Dieser Onkel von Albert Egberts ist Kunstmaler. Er hat kurze Zeit bei Philips gearbeitet (G 101). Hasje ist als Wehrpflichtiger in Oirschot stationiert (G 149). Er meldet sich als Freiwilliger für Neu-Guinea, reist Anfang 1961 ab, kehrt jedoch noch im selben Jahr in die Niederlande zurück (G 151, 160). Hasje vertritt eine revolutionäre Farbentheorie (G 174-175).

SERCKT, JOHANNES VAN DER Urgroßvater von Albert Egberts, stirbt kurz vor dessen Geburt (F 445).

SERCKT, NEL VAN DER Schwester von Opa Paul van der Serckt, wohnt in Amsterdam an der Wittenkade (B 463). Nel streunt in der Stadt herum. Albert begegnet ihr 1977 am Ende der »Schneenacht im September« in der Straßenbahn (B 671).

SERCKT, OMA VAN DER Mutter von Albert Egberts' Mutter Hanny. Albert träumt vom kleinen Jesus, der in hellblauem Gewand auf einem der Andachtsbilder abgebildet ist, die Oma ihm zeigt (G 38).

SERCKT, PAUL VAN DER »Pau«, Opa von Albert Egberts, wohnt in Tivoli. Pau ist 1899 geboren und wird wegen seiner frappierenden Ähnlichkeit mit dem damaligen Außenminister auch »Opa Luns« genannt (G 150). Opa arbeitet seit seinem 10. Lebensjahr in der Willem-II-Fabrik, wo er Zigarren sortiert (F 364). Er ist im Sommer der Dritten Internationale von Den Bosch nach Eindhoven umgezogen, um bei Philips als Glasbläser zu arbeiten (G 101). In den fünfziger Jahren arbeitet er dort im Schichtdienst (F 450).

Opa van der Serckt gibt seinen Enkeln immer dasselbe Rätsel auf »Ich pisse Farbe und Feuer« (B 459, 672-673). Er stirbt im September 1977, ohne die Lösung des Rätsels preisgegeben zu haben (B 673; P 94).

SERCKT, TINY VAN DER Schwester von Albert Egberts' Mutter Hanny (G 150). Tiny ist verlobt mit Koos aus Breda. Um zu verhindern, daß Koos mit ihr die Nacht verbringt, legen ihre Eltern Albert zu ihr ins Bett (G 288-290).

SHEILA »Sjiel«, →DIJKSTAL, SHEILA.

SIEPE, CLEMENS TE Verwalter des ehemaligen Untersuchungsgefängnisses II in der Havenstraat in Amsterdam (A 114).

SIJBRANDTS, TOM Klassenkamerad von Albert Egberts auf der Frater-Andreas-Schule (G 169), Handlanger von → JANTJE OBBES (F 443).

SIMON »Siem«, der Wirt von *Het Wapen van Lummel*, in der der Fall Hennie Avezaath ausführlich besprochen wird (B 63).

SJAANTJE Tochter von Albert Egberts' Großtante Cisca in Amsterdam. Als kleiner Junge wird Albert zu ihr und ihrer Mutter ins Bett gesteckt (B 463).

SJORS JUN. Sohn von Albert Egberts' Großtante Stientje (P 605).

SJORS SEN. Ehemann von Stientje (P 606).

SMÖLLER, PROF. Professor für Pathologische Anatomie an der Universität Amsterdam und Arzt im AMC. Er fertigte das Gegengutachten im Fall → NOPPEN an (A 338).

SPEX, DR. Einer der Hahnenkämme im ehemaligen Untersuchungsgefängnis in Amsterdam. Dr. Spex ereifert sich über das Jahr 2000 und über den »Marsch zu den Nullen« (A 224-229).

SPOKIE Spitzname von Mariëtte Egberts (F 154).

SPYROS Der Kellner im Altmännercafé in Nea Makri, Griechenland, wo Ernst Quispel und Zanet Vrauwdeunt im August 1985 ihren Urlaub verbringen (A 342).

SPYROS, MARIA Ehefrau des Kellners im Kafenion von Nea Makri (A 343).

STAHLDUYNEN, VAN Vom Religionswahn besessener Postbeamter, Exmann von → AAF BEKKEMA (G 339).

STAHLDUYNEN, JELSKE VAN Tochter von Albert Egberts' Vermieterin in Nimwegen. Jelske heiratet mit siebzehn. Von ihrem Mann, einem Zimmermann, wird sie »Kap Arsch« genannt. Sie wohnen in Rotterdam (G 346).

STAHLDUYNEN, JOCHUM VAN Ältester Sohn von Albert Egberts' Vermieterin in Nimwegen (G 336).

STAHLDUYNEN, LJIBBE VAN Autistisches Kind von Albert Egberts' Vermieterin in Nimwegen (G 337-338). Ljibbe wird anfangs zu Hause versorgt, später jedoch im Maria-Roepaan-Heim untergebracht (G 412). Er stirbt am 13. Oktober 1974 im Alter von acht Jahren (G 526). Albert erweist ihm die letzte Ehre und erkennt dabei im Gesicht des kleinen Jungen sein eigenes Bild als Kind (G 531).

STAHLDUYNEN-BEKKEMA, AAF VAN Vermieterin von Albert Egberts. Mevrouw van Stahlduynen wohnt in der Ahornstraat 11 in Nimwegen, in der Nähe von Hengstdal (G 335). Sie ist mittleren Alters und anfangs mit einem Postboten verheiratet (G 339), lebt wegen dessen Religionswahn jedoch von Tisch und Bett von ihm getrennt. Später wird → COR COSTER ihr Verlobter, eine Mesalliance, da Cor sich als chronischer Alkoholiker, Krimineller und Heiratsschwindler entpuppt (G 510-511).

STEFFIE Freundin von → SUX COX, hat ungewöhnlich große Brüste und arbeitet in einer Oben-ohne-Bar in Amsterdam (B 514-516).

STIELSTRA Stellvertretender Polizeipräsident von Amsterdam. Er berichtet auf einer Pressekonferenz vom Tode → KILIAAN NOPPENS (A 466-467).

STIENTJE Großtante von Albert Egberts, die sich von einer Amsterdamer Brücke stürzt, weil sich ihr Sohn mit dem falschen Mädchen verlobt (P 605).

STREEPJE Dem Bindestrich (*streepje*) zwischen seinen beiden Vornamen entlehnter Spitzname von Arend-Jan Baartscheer (B 188).

STRUYK Fotograf, der die Kunstankaufskommission in Den Bosch mühelos um den Finger wickelt (F 404).

STULTIËNS, GONNEKE Geboren 1936 (F 192), Nachbarin von Albert Egberts in Geldrop (G 191-192). Gonneke hat mit sechzehn eine Affäre mit Egbert Egberts (F 201) und bringt mit siebzehn eine Tochter zur Welt (F 192). Laut Alberts Eltern handelt es sich um eine jüngere Schwester von Gonneke. Das Töchterchen, Mildred, wird als Marienkindchen blauweiß gekleidet (G 50-51). Mildred (G 186-187) ist offiziell das Kind von Gonnekes späterem Ehemann Jimmy Händel (G 314).

Nach Jimmys Tod heiratet Gonneke → HOMBREGTS, den Direktor einer kleinen Maschinenfabrik (G 185). Sie läßt sich 1962 von ihm scheiden und zieht 1963 mit → August Schwantje nach Berg en Dal (G 210). Zwischendurch ist sie Animierdame in einem Etablissement in den Mierloer Wäldern (F 200, 206; G 187-188). Im Mai 1976 hat sie eine kurze Affäre mit Albert Egberts (F 199-202).

STULTIËNS, PETER Bruder von Gonneke (G 90), beteiligt sich an der Mißhandlung einer Fledermaus (G 95).

SÜKRÜ Laut *Het Devies* der richtige Name von Ali, dem Pusher von Albert Egberts (P 575). Von seinem Nachnamen wird Albert nie mehr wissen, als daß er mit T begann.

SUSAN →COX, SUSAN.

SWART, MARIKE DE Bauerntochter aus Etten-Leur. Nach ihrem Abschluß am Mädchenlyzeum in Breda macht sie Anfang der siebziger Jahre eine Ausbildung zur Diätassistentin in Nimwegen. Sie wird von→GIDEON SCHWANTJE geschwängert. Albert Egberts lernt sie am Dienstagabend, dem 28. März 1972, im *Dynamene* kennen (G 477-480). Am nächsten Tag begleitet er sie zu einer Abtreibungsklinik nach Arnheim (G 482-484). Marike wird Albert von seiner Impotenz erlösen (F 47). Sie ist bei der Studentenfete bei Albert in der Nacht vom 2. auf den 3. April 1976 anwesend (F 71) und später auch bei seinem Vordiplom am 4. Oktober 1976. Bei dieser Gelegenheit schlägt sie Albert vergeblich vor, mit ihr zusammenzuziehen (B 102). 1979 hat Marike erneut ein Verhältnis mit Gideon Schwantje und gehört zu Alberts Nimwegener Freundeskreis, der gemeinsam Schlittschuh läuft und ausgiebig mit Sex experimentiert (B 312-324; P 525-535).

TABAKSBLATT Gemüsehändler im Amsterdamer Viertel De Pijp, bei dem Baartscheer die Fensterscheibe einwirft (B 332).

TALLY →CHANTAL.

TATTAMELLA, LA Wirtin einer Kneipe in Neapel (P 204-207).

TEUNISSEN, MARIETJE Von kanadischem Soldaten vergewaltigt, Bekannte von Hennie Avezaath (B 85-86).

THJUM →SCHWANTJE, THEO.

THOESAN Eines der Kinder von→SHEILA DIJKSTAL und→MARLEEN (P 48).

TIJMEN Kommilitone von→MILLI HÄNDEL, hat ein paar Monate lang Jura studiert. Später arbeitet er bei der Bank, deren wichtigster Kunde→AUGUST SCHWANTJE ist. Tijmen heiratet→BERENDINA SCHWANTJE (F 93-94, 203).

TJARKO Barkeeper in der *Toss-Bar* auf Schiermonnikoog, der Insel, auf der Ernst Quispel 1986 das Pfingstwochenende verbringt (A 497).

TO, TANTE Bardame im *Ferdy*, das Albert Egberts am Vorabend der »Schneenacht« im September aufsucht (B 565). Von ihr erzählt man sich, sie habe ihren Mann vergiftet (B 566).

TODDEN, JAPIE »Lumpen-Jaap«, buckliger Lumpensammler in Tivoli (F 355-356).

TOKE 1960 Klassenkameradin von Ernst Quispel. Ernst ist verliebt in sie (A 182).

TOOSJE →KATRINČAK, KATHARINA.

TRUDE Mädchen, das Albert Egberts von der Nimwegener Innenstadt zum Berg en Dalseweg auf seinem Gepäckträger mitnimmt, mit dem er die Nacht verbringt und dem er das Frühstück im Bett serviert (F 16-17).

TUINMAN Anwalt, Vater eines verwöhnten Klassenkameraden von Albert Egberts auf der Höheren Bürgerschule (F 205-206).

TURK, DEN Klassenkamerad von Felix Boezaardt, der Flix in die Kunst des Masturbierens einweiht (B 131).

VANDERBILT, CHEF Einer der Hahnenkämme im ehemaligen Untersuchungsgefängnis II in Amsterdam (A 133). Chef steht im Ruf, seinen Kamm mit dem eigenen Sperma aufzurichten (A 135).

VERBIEST, SEAN Rasender Reporter von City Radio Amsterdam (P 583). Verbiest berichtet über die Straßenschlachten in der Vondelstraat (P 584).

VERSTEEGHEN, PROF. OSA Professor in Nimwegen (B 422).

VIJVER, BERT VAN DE Leiter der Polizeidienststelle in Lummel, dem Wohnort von Hennie Avezaath (B 119, 229).

VINGBOONS Fürsorgebeamter (»Füso«) im Amsterdamer Gefängnis Bijlmermeer während Hennie Avezaaths Haft (P 630).

VIOLA Freundin von →ZWANET VRAUWDEUNT, auch »Vi« oder »Jol« genannt (B 534).

VITRINGA, JORIS Vertrauensarzt der Familie →NOPPEN (A 285).

VLACQ, JOHN Ehemaliger Klassen- und Studienkamerad sowie Kollege von Ernst Quispel (B 473, 485; A 267). John ist klein und von graziler Gestalt »zart, rosig, tipptopp frisiert und gepflegt«. Daher sein Spitzname »ondulierte Garnele«. Quispel sieht wegen Vlacqs schmalen Hohlkreuzes, des spitzen, schnutenähnlichen Gesichts und der an den Ohren höckrigen Wangen eher ein »Seepferdchen« in ihm (A 86-87).

Vlacq arbeitet an einer Dissertation über die »Roten Brigaden« (A 41). Er holt Ernst Quispel in das Sozialanwaltskollektiv in De Pijp (A 267). Später führen sie eine gemeinsame Kanzlei am Kloveniersburgwal (A 38). John Vlacq verteidigt Flix bei dessen Prozeß in Neapel (P 286-287).

VLEKKERT, GERRIT Falscher Name, den Ernst Quispel bei der Polizei angibt, als er in der Nacht vom 25. auf den 26. April 1985 wegen Trunkenheit im Amsterdamer Polizeipräsidium in der Marnixstraat in Gewahrsam genommen wird (A 451).

VLOKHOVEN, PATER VAN Studentenpfarrer in Amsterdam, anwesend bei der Beerdigung von → KILIAAN NOPPEN (A 150).

VOGELTJE → BOEZAARDT, GOVERT.

VOTSIS Direktor der Aphrodite Hellas Ltd., bei dem sich Ernst Quispel während seines Griechenlandurlaubs 1985 über die schlecht organisierte Kreuzfahrt beschwert (A 347).

VRAUWDEUNT, OTTO Vater von Zwanet, arbeitet beim Gesundheitsamt in Amsterdam (B 524-525; P 743-749).

VRAUWDEUNT, ZWANET ELISE Albert Egberts begegnet ihr erstmals im Oktober 1976 im Onkelboerensteeg in Amsterdam, wo eine Katze sie ins Auge gekratzt hat (B 260ff.). Zwanet studiert zu der Zeit und arbeitet nebenher beim Zeitarbeitsbüro Omnilabor (B 271). Sie wohnt noch bei ihren Eltern in der van Eeghenstraat (A 408). Im Sommer 1977 hat sie eine Beziehung mit Albert (B 512). Zwanet will eine Serie kurzer Romane über die Erlebnisse ihres Vaters schreiben, der als Ungezieferbekämpfer arbeitet (B 524-528), und zwar unter dem Titel *Die Stadt und die Höhlen* (B 524, 528, 562).

Am 22. September 1977, der Tag hat gerade angefangen, begegnet Zwanet Anwalt Quispel im *Dogshit City* im Hellebaardsteeg (A 403; B 586, 599). Auf dem Nachhauseweg wird sie im Vondelpark überfallen (B 617-628; A 415). Sie sucht Zuflucht bei Quispel, der ihr nicht glaubt und sie nochmals überwältigt. Danach erstattet Zwanet Anzeige bei der Polizei (B 654, 662-664). Anfang 1978 geht sie nach Kanada und arbeitet dort erst als *nanny* und später als Zimmermädchen (P 367; A 45). Nach ihrer Rückkehr bestellt sie im November 1979 mit Ernst Quispel das Aufgebot (P 546). Am 24. Dezember wird die Ehe geschlossen.

Ernst Quispel und Zwanet besuchen 1982 Venedig, wo sich Quispel während eines Klavierkonzerts von Boris

Bloch heftig in sie verliebt (A 553-557). Im Sommer 1983 verbringen sie ihren Urlaub an der Côte d'Azur, unter anderem in Antibes (A 550-551). Am 20. Mai 1985 wird Cynthia, Zwanets und Ernsts Tochter, geboren (A 290). Am Dienstag, dem 23. September 1986, wohnen die Quispels der Welturaufführung der Oper *Victor IV.* bei, deren Musik Arthur Seijffardt komponiert und deren Libretto Albert Egberts geschrieben hat. Dabei stellt sich heraus, daß nicht *Victor IV.*, sondern *Der Guckkasten* aufgeführt wird (A 549, 557-568). Am Tag nach dieser »Premiere« erkennt Quispel, daß Zwanet in Albert Egberts verliebt ist (A 582-589).

WAEL, DE Wachtmeister in Lummel, dem Wohnort von Hennie Avezaath (B 119).

WAELEN Musiklehrer am St.-Georgius-Kolleg in Eindhoven, Spitzname »Kanarienvogel«. Waelen wird von seinen Kollegen geringschätzig als »Künstler« bezeichnet (G 244).

WARENAR, GEBRÜDER Spitzname »The Warner Brothers«, Eigentümer der Wohnung in der van Wassenaarstraat im Amsterdamer Concertgebouwviertel, in die Quispel und Zwanet in der zweiten Hälfte des Jahres 1985 ziehen (A 362).

WARMENHOVEN, MR Staatsanwalt im Prozeß gegen Hennie Avezaath (B 250).

WEISZ Schuhgeschäft in der P. C. Hooftstraat mit einer Filiale am Nieuwendijk in Amsterdam, in dem Ernst Quispel zu Beginn einer neuerlichen dipsomanen Periode neue Schuhe kauft (A 90-91).

WELBUM, WILLY DE Spitzname von → COR COSTER (G 511).

WENDELGELST, JOHAN Steuerberater und Herzkranker, wohnhaft in Heemstede (P 82, 86). Albert Egberts schmuggelt für ihn ein Kind aus Italien (P 82). Auf einen Tip in einem anonymen Brief hin wird Wendelgelst in einem Sextheater mit einem Pornofilm konfrontiert, in dem sein Adoptivsohn Rinko eine Rolle spielt (P 100-117). Wendelgelst stirbt Anfang 1978 an Herzversagen (P 303).

WENDELGELST, LEIDA Frau des Steuerberaters Wendelgelst (P 86).

WENDELGELST, RINKO → RINKO.

WENDELGELST, TINKA → KATINKA.

WIGHT, RETT Amerikanischer Soldat, dem Betsie Egberts zu Kriegsende in einem kleinen Ort in Thüringen begegnet.

Betsie bekommt einen Schreck, als sie zum erstenmal einen Schwarzen sieht (F 377-378).

WIKINGER, DER Nachbarin von Albert Egberts in der van Ostadestraat im Amsterdamer Stadtviertel De Pijp (P 309).

WILLEM → GROENEVELD, WILLEM.

WILLEM Stammgast im *Het Wapen van Lummel* (B 145-146).

WILLY Deutscher Tourist. Zwanet Vrauwdeunt und Ernst Quispel begegnen ihm, als sie im Sommer 1983 ihren Urlaub im Hotel Mas Djoliba in Antibes verbringen (A 551).

WILM »Kulturanthropologe in nicht-westlicher Soziologie«, Ex-Ehemann von → SHEILA DIJKSTAL (P 34).

WIT, TERA DE Klassenkameradin von Albert Egberts in der Grundschule. Tera zeigt Albert und → FREDDY LODEWIJCKXS ihren »Vordern«. Gemeinsam mit Flix Boezaardt klären die Jungen Teras Mutter darüber auf (F 410-416).

WITH, DR. DE Dozent für Logik am Philosophischen Institut in Nimwegen. De With wird von marxistischen Studenten aus dem Hörsaal vertrieben (G 357-359).

WOONSTEE, DRS. HENRI Dozent für Geschichte der Mittelalterlichen Philosophie in Nimwegen, Mitglied des Prüfungsausschusses bei Albert Egberts' Vordiplom (B 111).

WOUDT, WILLY VAN 'T Freund von Albert Egberts in der Grundschule in der Kettingstraat (G 243) in Geldrop. Willy küßt sich mit Alberts Schwester Mariëtte (P 220). Später sitzt er mit Albert im St.-Georgius-Kolleg in der Elzenlaan in Eindhoven (G 243). Willy weiht Albert in die Geheimnisse des Geschlechtsverkehrs ein (G 246, 427).

WRONGEL Glossenschreiber bei *Het Devies*, widmet eine seiner Glossen Ernst Quispel (A 47-50).

XANTIPPE Spitzname der Wochenpflegerin, die bei Albert Egberts' Geburt assistiert (F 461-463).

ZELIGMAN, BOB Bruder von → ROSIE SCHWANTJE-ZELIGMAN, Schwager von August, wohnt in Rhodesien. Bob ist bei einem Familienfest der Schwantjes in Berg en Dal anwesend (F 203-204).

ZIZZACHIONA, SIGNORA Neapolitanische Straßenverkäuferin von Schmuggelware (B 176).

ZWERCKS, MARGERIE Spitznamen »Mech«, »Jojo«, »Maggy«. Albert Egberts begegnet ihr Anfang Oktober 1978 im Hellebaardsteeg in Amsterdam (P 342). Sie wohnt in der

Mesdagstraat, zusammen mit zwei Freundinnen (P 343). Ihre heimliche Leidenschaft: in Hauseingängen Liebe zu machen (P 357). Maggy arbeitet als Aushilfskraft »schwarz« im *Dogshit City* (P 367). Albert mag sie sehr. Margerie absolviert ab Anfang 1979 in Aalsmeer eine einjährige Ausbildung als Stewardeß (P 415).

Topographie der »Zahnlosen Zeit«

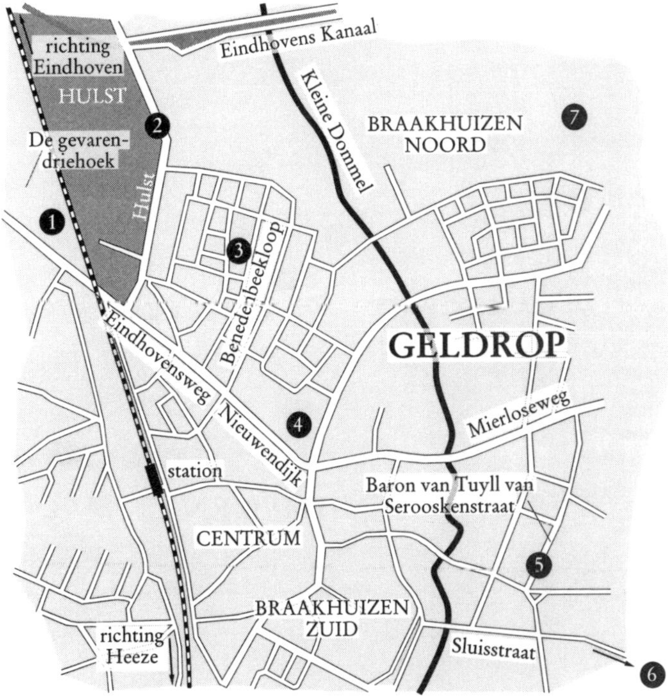

1. Das Gefahrendreieck. Hier wohnte Albert von seinem dritten bis sechsten Lebensjahr.
2. »Die Scheißschtriet«
3. Alberts Spazierweg während seiner Vorbereitungen zum Philosophie-Vordiplom
4. Der neunjährige Albert kauft im Spielwarengeschäft De Win am Nieuwendijk seinen zitronengelben Drachen mit einem Schwanz aus blauem Kreppapier.
5. Die Adresse der Familie Schwantje und von Alberts Freund Thjum
6. »Wemstraat«
7. »Textielstraat«

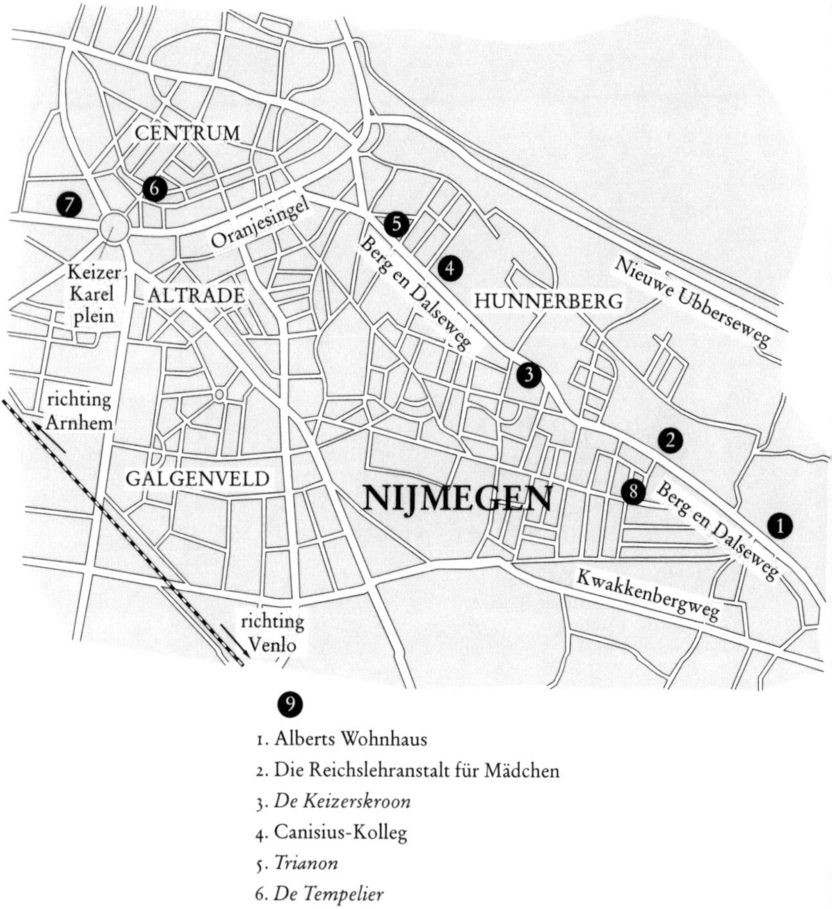

1. Alberts Wohnhaus
2. Die Reichslehranstalt für Mädchen
3. *De Keizerskroon*
4. Canisius-Kolleg
5. *Trianon*
6. *De Tempelier*
7. *Diogenes*
8. Ahornstraat 11
9. Studentenwohnheim Hoogeveldt

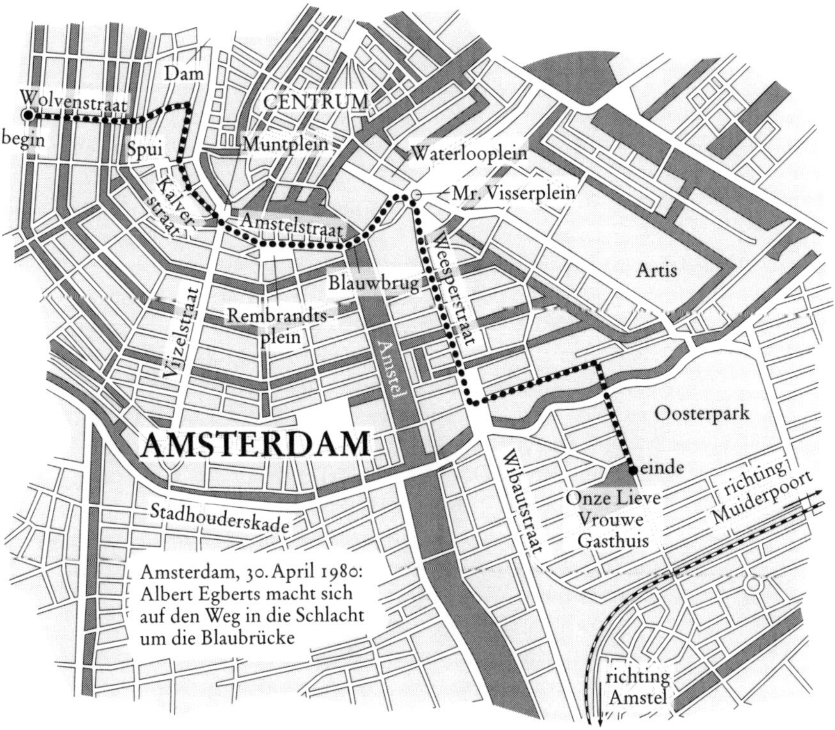

Amsterdam, 30. April 1980:
Albert Egberts macht sich
auf den Weg in die Schlacht
um die Blaubrücke

Albert Egberts: Ein Leben in die Länge

Chronik eines zahnlosen Daseins

30. APRIL 1950 Punkt 24.00 Uhr, gerade noch am Koninginnentag, erblickt Albert Egberts in Geldrop das Licht der Welt (F 138, 461-463). Der Junge wird wenige Sekunden vor Beginn des Tags der Arbeit im Vorderzimmer der Lynxstraat 83 geboren, wo die Familie van der Serckt, Alberts Großeltern mütterlicherseits, wohnt (F 356). Einige Wochen zuvor ist im selben Zimmer Alberts Urgroßvater Johannes gestorben (F 445). Alberts Geburt wird ausführlich beschrieben (F 446-466). Opa van der Serckt gelingt es zu guter Letzt, das blau angelaufene Baby mit einem ordentlichen Klaps auf den Hintern zum Schreien zu bringen (F 476; G 43).

4. MAI 1950 Albert empfängt die heilige Taufe. Onkel Egbert ist Alberts Pate, seiner Mutter beste Freundin, Maya Boezaardt, seine Patin. Der junge Egberts erhält die Taufnamen Albertus Hubertus Norbertus (F 468).

30. APRIL 1951 Alberts früheste Erinnerung. Zu seinem ersten Geburtstag bekommt er von Onkel Egbert ein schwarzes Segeltuchetui mit Werkzeugen (F 477-478).

1952 Alberts Mutter dämpft am Sonntagmorgen Vaters Hose. Vater wehrt Albert ab, um die Bügelfalte zu schonen. Egberts sen. geht sonntags mit Freunden zum Billardspielen, mit denen er im ehemaligen Niederländisch-Indien gekämpft hat. Um ihren Mann zu bewegen, nach Hause zu kommen, geht Mutter mit dem Kleinen auf dem Arm in die Kneipe. Albert und seine Eltern wohnen noch immer bei den Großeltern (G 91-93).

30. APRIL 1952 Albert wird zwei. Opa schenkt ihm eine Schachtel mit Bauklötzen (F 492).

FEBRUAR 1953 Die Egberts bekommen eine neue Wohnung im Geldroper Stadtteil Hulst. Das Haus liegt in der »Scheißschtriet«, einer Sackgasse. Am Tag der Flutkatastrophe in Zeeland wird Alberts Schwester Mariëtte geboren. Ein paar Tage später besucht der Vater mit Albert seine Frau in der

Geburtsklinik; danach gehen sie zu ihren neuen Nachbarn, der Familie Boezaardt (F 495-498).

MÄRZ/APRIL 1953 Onkel Egbert, der das neue Haus seines Bruders renoviert, fängt eine Affäre mit dem Nachbarmädchen Gonneke Stultiëns an (F 504-510).

MAI 1953 Die Familie Egberts bezieht ihr neues Haus in Hulst (F 511).

FRÜHJAHR 1954 Albert tritt mit passendem Hut bei der Hochzeit von Robert und Karin Egberts als Brautführer auf (W 15-27).

MAI 1955 Robert Egberts kommt überglücklich auf seinem Rennrad angefahren. Er erzählt Alberts Mutter, daß sein Sohn Robby geboren ist (W 34-39).

7. MÄRZ 1956 Jimmy Händel stirbt (G 314).

FRÜHJAHR 1956 Alberts Vater beginnt bei Philips in Eindhoven zu arbeiten. Wenn er bereit sei, Pinsel und Spritzpistole bei dem Glühlampenkonzern zu schwingen, würde er binnen eines halben Jahres eine neue Wohnung bekommen. Egberts läßt dafür eine Stelle mit Aufstiegsmöglichkeiten bei einer aufstrebenden kleinen Haushaltsartikelfirma sausen (G 105).

30. APRIL 1956 Albert wird sechs. Seine Mutter schenkt ihm bunten Schmuck für sein Fahrrad. Das Rad selbst hat er bereits zu seinem fünften Geburtstag bekommen (S 57). Mit sechs liegt Alberts abends wach und hört eine Harley Davidson in die Sackgasse fahren; fast jeden Abend holt ein Polizist Gonnie Stultiëns zu einer romantischen Fahrt ab (G 37, 40-41).

1956 Im Traum wird Albert die Sonne (ein goldener Spiegel) von Gott Vater überreicht (G 38-39; B 352-353). Und, wer weiß, damit sein Schreibtalent.

AUGUST/SEPTEMBER 1956 Die Familie Egberts zieht in die Geldroper Textielstraat um, wo sie ein Eckhaus mit Blick auf den Volmolenplein bezieht (G 105). Hier wird Albert sich erstmals der Saufereien seines Vaters bewußt. Eines Nachts versucht der Mann, mit Hilfe einer Leiter in Alberts Zimmer einzudringen (G 108-112).

Albert logiert mit Opa und mit Onkel Hasje bei Verwandten in Amsterdam (B 462-463). Ab dem Beginn des neuen Schuljahrs geht er in die Frater-Andreas-Schule, wo ihn Juffrouw Saris unterrichtet (G 113; P 148).

30. APRIL 1957 Zu Alberts siebtem Geburtstag schenkt Opa van der Serckt ihm einen komplizierten Kreisel, der die Form eines Sputniks hat (G 172). Albert ist sieben, als seine Mutter ihn ins Leichenschauhaus des St.-Anna-Krankenhauses mitnimmt, wo ein achtzehnjähriges Mädchen aufgebahrt ist (G 308-309).

1958 Albert entdeckt während der Zeichenstunde, wie man die Konturen einer Figur verschwommener machen kann, indem man mit der Fingerspitze fest über die Bleistiftlinien reibt. So versucht er sich eine erste Vorstellung von Gott Vater zu machen. Albert ist verliebt in Petra (B 354-356).

1959 Albert trägt zusammen mit ein paar anderen Jungen die Totenbahre von Josje, der kleinen Tochter der Nachbarn, die an Leukämie gestorben ist. Nach der Beerdigung bekommt er zwei Fünfundzwanzig-Cent-Stücke, für die er sich einen schönen zitronengelben Drachen kauft (G 301-310).

Auf der Flucht vor ihrem betrunkenen Mann fährt Mutter Egberts mit ihren drei Kindern auf dem Fahrrad sehr schnell entlang dem Kanaaldijk-Noord zu Onkel Egbert. Kurz danach erleidet sie ihre erste Magenblutung und muß sich einer Operation unterziehen (S 26-27).

MAI 1959 Auf dem Rückweg von einer Kommunionsfeier in Son stürzen Vater Egberts und die Kinder mit dem Moped (F 306-317). Am nächsten Tag begegnet Albert mit seinen Klassenkameraden und Lehrer Meulendijckxs in der Nähe der Schule seinen Eltern. Albert schämt sich für den mit geronnenem Blut verkrusteten Kopf seines Vaters (F 318-321).

HERBST 1959 Albert sen. knallt mit seiner NSU sturzbetrunken gegen einen Baum. Achtundzwanzig Fäden. Thjum kommt zum erstenmal zu Albert nach Hause. Die Jungen wollen Banknoten fälschen. Albert macht Thjum weis, daß der verletzte Mann bei ihm daheim ein Onkel ist, der nicht ganz richtig im Kopf ist (F 326-328).

MITTE OKTOBER 1959 Albert nimmt an einem Pfadfinderlager teil, irgendwo bei Valkenswaard. Er hackt Paul Edelman jun. mit seinem Beil in den Fuß (F 330-336).

DEZEMBER 1959 Alberts Mutter stürzt beim Gardinenaufhängen vom Hocker: Magenblutung (F 337-339).

UM 1960 verbringt Albert jeden Freitagabend bei der Familie Schwantje (F 20). In den Weihnachtsferien ist er bei seinen

Großeltern in Tivoli (G 147). Mittlerweile sind auch die Boezaardts in die Textielstraat gezogen (G 143). Albert sen. stiehlt mit ein paar Kneipenkumpels den heiligen Josef aus der Weihnachtskrippe in der Grünanlage auf dem Heuvel (G 147-149).

30. APRIL 1960 Albert besucht an seinem zehnten Geburtstag zusammen mit seinem Vater die Mutter im Krankenhaus. Er zeigt ihr seine Geschenke: ein Autoquartett und einen Tomahawk (F 342-343).

1961 Albert wird von Jantje Obbes, dem Schrecken des Dorfes, mit einem Messer bedroht (F 443).

FRÜHJAHR 1961 Egbert Egberts läßt sich die Zähne ziehen und verschwindet für eine Weile aus Alberts (und dessen Mutter) Sichtfeld. Alberts Vater nützt Egberts Abwesenheit aus und säuft noch mehr als bisher. Nach einem seiner Trinkgelage zertrümmert er das gesamte Service (G 154-158).

JUNI 1961 Alberts Eltern schaffen sich einen Fernseher an. Onkel Robert bringt die Antenne an (W 8-9).

ENDE JULI 1961 Albert ist im Pfadfinderlager in Vlodrop. Am Elterntag bekommt er Besuch. Seine Mutter und Onkel Egbert kommen zusammen auf dem Motorrad und bringen ihm eine Tüte Orangen mit (G 422-423).

SOMMER 1961 Albert wird eines Freitagsabends von Thjums Eltern auf einen Spaziergang mitgenommen. Der Junge stolpert über eine Baumwurzel. Die kleine Wunde entzündet sich und wird vom Hausarzt behandelt. Mit einer Pinzette zieht der Arzt eine Kiefernnadel aus der Wunde (F 26-28).

AUGUST 1961 Onkel Hasje kehrt aus Neuguinea zurück (G 160). Anlaß zu einem Fest mit vielen Anzüglichkeiten (G 161-166).

ENDE AUGUST/ANFANG SEPTEMBER 1961 Während der Rechenstunde schimpft Albert auf Geheiß von Lehrer Meulendijckxs seine Klassenkameraden wüst aus (G 167-169). Danach lauert ihm Flix mit seinen Freunden auf. Flix und Albert streiten sich darüber, wer von ihnen Egbert Egberts Onkel nennen darf (G 169-170). Opa van der Serckt demonstriert das Prinzip des Farbfernsehens, indem er buntes Zellophanpapier vor den Bildschirm hängt (G 173).

Als Albert seinen Vater über Onkel Hasjes Verlobte in Neuguinea schweinigeln hört, bekommt er zum erstenmal bewußt eine Erektion (G 179-180).

SEPTEMBER 1961 Die Streitereien zwischen Alberts Eltern erreichen einen Höhepunkt. Albert sen. verschwindet mit seinem »indischen« Koffer auf dem Moped, kehrt aber noch am selben Tag unverrichteter Dinge zurück. Mutter hat sich inzwischen an einen Pro-deo-Anwalt gewandt (G 180-184). Sie nimmt Albert mit, als sie den Anwalt aufsucht. Im Bus treffen sie Gonneke Stultiëns, die, wie sich herausstellt, in einem Bordell arbeitet (G 185-188). Mit großem Theater gelingt es Albert, die Scheidung seiner Eltern zu verhindern (G 188-190).

NOVEMBER 1961 Zu Allerseelen besucht Albert mit seinem Vater das Grab seiner Großeltern auf dem Friedhof von Son, wo sie Egbert Egberts treffen (G 192-194; P 335-338). Albert spioniert mit seiner Mutter bei den Boezaardts, um festzustellen, ob Onkel Egbert Tante Maya besucht. Albert beginnt zu vermuten, daß auch seine Mutter Onkel Egberts Geliebte gewesen (G 194) und er selbst möglicherweise aus ihrer Beziehung hervorgegangen ist, wie Patrick Gossaert später öffentlich zur Sprache bringen wird (B 243).

OSTERN 1962 Flix Boezaardt lebt eine Zeitlang in einem Heim für jugendliche Asthmapatienten. Er verbringt die Osterferien in Geldrop (G 194-195, 201). Albert entdeckt, daß Onkel Egbert eine Solex gekauft hat, um die geile Maai lautlos besuchen zu können (G 195-197).

Albert und Thjum sind in der sechsten Klasse und bereiten sich auf das Gymnasium vor. Sie machen bei Thjum Hausaufgaben. In seinem Dachzimmer experimentieren sie mit ihrem Glied herum (G 201-204). Albert verliebt sich in Thjums Schwester Beertje (G 204).

JULI 1962 Die Familien Schwantje-Zeligman und Hombregts-Stultiëns fahren zu einem gemeinsamen Urlaub nach Frankreich. Albert bleibt allein in Geldrop zurück. Im Schwimmbad De Smelen bringt Albert seinen ersten Samenerguß zustande (G 205).

SEPTEMBER 1962 Albert und Thjum gehen aufs Gymnasium Augustinianum in Eindhoven (G 209).

JANUAR 1963 August Schwantje tritt eine neue Stelle in Oss an. Er hat seine Frau verlassen und zieht mit Gonneke Stultiëns nach Berg en Dal bei Nimwegen. Gonnies Tochter Mildred kommt in ein Internat in Beek (G 209-210).

FRÜHJAHR 1963 Das *colle parfumée*, mit dem Thjum Fotos einklebt, wirkt berauschend. Thjum teilt Albert mit, er stinke und solle verschwinden. Zwischen den Jungen tritt eine Entfremdung ein (G 210-211; P 288-290).

Albert besucht wiederholt die St. Josephskirche, wo er erotische Aspekte an der Liturgie entdeckt (B 361-362).

AUGUST 1963 Thjum, mit dem seine Mutter nicht mehr fertig wird, wird von seinem Vater in ein Internat in Nimwegen gesteckt. An einem Samstag verabschiedet er sich von Albert. Sie machen einen Spaziergang, der sie über die Kirmes führt. Thjum lernt Flix kennen (G 212-217). Die Jungen feiern bei Thjum daheim »Stomfai« (G 217). Mit Hilfe einer Klopapierrolle treiben sie sexuelle Spielchen (G 217-227). Flix zeigt Albert und Thjum, wie man masturbiert. Sie probieren »Leichenhändchen« aus (G 223).

Es folgt ein unsinniges Besäufnis von Alberts Vater, bei dem dieser seine Familie mit einem Messer bedroht (G 229-230). Gemeinsam mit Onkel Egbert und Govertje gehen die Mutter und die Kinder zur Polizei (G 231-232). Albert sen. wird eingesperrt. Am nächsten Tag kommt es im Schlafzimmer zu einer handgreiflichen Auseinandersetzung zwischen den Eltern, deren Zeuge die Kinder werden (G 235-238).

WEIHNACHTEN 1963 Albert kommt wegen schlechter schulischer Leistungen vom Gymnasium Augustinianum auf die Höhere Bürgerschule, das St.-Georgius-Kolleg (G 242-243).

ANFANG 1964 Albert Egberts sen. macht eine Entziehungskur im St.-Anna-Krankenhaus in Geldrop (G 241-242). Nach seiner Heimkehr mischt ihm seine Frau heimlich Refusal ins Essen (G 249).

OSTERN 1964 Willy van 't Woud weiht Albert in die Geheimnisse des Geschlechtsverkehrs ein (G 246). Die Egberts wohnen inzwischen in der Wemstraat (G 427). Als Albert und seine Schwester eines Nachmittags daheim Hausaufgaben machen, äußert er ihr gegenüber inzestuöse Wünsche (G 427-428).

MITTE DER SECHZIGER JAHRE Albert hat im Sommer einen Ferienjob als Erdbeerpflücker (B 334-336). Er unternimmt einen ernsthaften Versuch, mit Gott abzurechnen (B 370).

MAI 1968 Onkel Hasje bringt Albert Plakate aus Paris mit *Sous les pavés la plage* (P 12).

MITTE MÄRZ 1969 Albert soll zur Musterung nach Breda. Obwohl er sich dem anfänglich zu entziehen versucht, geht er schließlich doch hin. Er simuliert Homophilie (G 251-259).

APRIL 1969 Nachmusterung in Den Haag. Dort begegnet Albert Thjummi. Thjum wird wegen eines schlechten Ohrs ausgemustert (G 259-260).

JUNI 1969 Albert besteht das Abitur und wird endgültig vom Wehrdienst befreit (G 263).

Als Aufsatzthema beim Abitur hat er einen Reim gewählt »Mitten auf der Kunststoffdecke/liegt das Kunstfleisch auf dem Brett/doch die Rostfrei-Edelstahlmesser/träumen noch von Pferdefett« (S 93).

JULI/AUGUST 1969 Zusammen mit Thjum und dessen Bruder Gidi verbringt Albert die Ferien im belgischen Mol, wo die Schwantjes einen Wohnwagen haben. Albert erlebt ein kleines Abenteuer mit Cally; doch trotz der Nachhilfe von Willy van 't Woud will es mit dem Sex nicht so recht klappen (G 265-272).

SOMMER 1969 »Um der christlichen Mythologie seine eigene gegenüberzustellen«, arbeitet Albert an einem Roman mit dem Titel *Altersheim auf dem Dach der Welt* (B 379).

18. SEPTEMBER 1969 Feier des Befreiungstag in Eindhoven. Albert besucht abends ein Musikfestival. Er tritt bewußt in die Fußstapfen seines Vaters und leert seine erste Flasche Whisky. Nach langer Zeit läuft er Flix wieder in die Arme, der ihm von seinem Job als Drogenkurier erzählt (F 427-433). Albert wird von dem billigen Whisky sturzbetrunken (F 436; G 281). Schließlich wird er von Evelyn Jauwesz und Flix nach Hause gebracht (F 437).

ANFANG 1970 Flix und Albert unternehmen eine Spritztour in einem geklauten Behindertenauto, einem Daffodil. Ort der Handlung: der nördliche »Deich« des Eindhovener Kanals. Flix Boezaardt feiert seine Entlassung aus dem Den Boscher Gefängnis (S 25-29). Dort hat er sechs Monate wegen Drogenhandels verbüßt (F 442).

FEBRUAR 1970 Albert betrinkt sich sinnlos beim Betriebsfest der Maschinenfabrik Hombregts, wo er ein paar Monate als Zeitschreiber gearbeitet hat. Alberts Vater ist Zeuge (G 273, 281-283). Am nächsten Tag fordert Albert Formulare an, um sich an der Universität Nimwegen einzuschreiben (G 283).

30. APRIL 1970 Großspurigkeit gegenüber der Handvoll Freunde, die ausnahmsweise vorbeigekommen sind, um Alberts zwanzigsten Geburtstag zu feiern »Gut, jetzt steht eine Zwei davor ... aber was habe ich schon zu befürchten? (...) Man erlebt einen physischen Höhepunkt, auf dem man eine gewisse Weile stehenbleibt. Heute in zehn Jahren sprechen wir uns wieder.« Am nächsten Morgen findet Alberts Mutter ihn im Bett, umgeben von abgestandenem Bier- und Tabakgeruch. Albert fühlt, daß das Jahrzehnt der Unveränderlichkeit bereits ein gutes Stück fortgeschritten ist (S 79-80).

SEPTEMBER 1970 Albert raucht zum erstenmal Hasch (P 64).

HERBST 1970 Albert nimmt sein Psychologiestudium an der Katholischen Universität Nimwegen auf. Er findet ein Zimmer in der van der Duyn van Maasdamstraat im Neubauviertel Hatert (G 287).

WEIHNACHTEN 1970 Im zweiten Trimester wechselt Albert zu Philosophie über (G 290).

APRIL 1971 Die Nimwegener Philosophiestudenten kehren scharenweise den Hörsälen den Rücken, um in der Fabrik zu arbeiten. Albert fährt enttäuscht nach Geldrop (G 290-292).

JUNI 1971 Albert erfährt, daß Egbert Egberts im Sterben liegt (F 164). Eines Samstags besucht er mit Thjum die Hauptstadt, um im Amsterdamse Bos ein Konzert von Pink Floyd mitzuerleben. Sie flüchten vor dem Regen in eine Kneipe in Buitenveldert (F 164-167). Die Freunde machen einen Zug durch die Gemeinde und landen in der Tweede van der Helststraat. Dort lernen sie »Geerten-Jan« kennen (F 167-168); später entpuppt sich dieser als Arend-Jan Baartscheer (B 188). Mitten in der Nacht fahren sie auf ihrer Puch wieder nach Süden zurück (F 179-182).

SOMMER 1971 Egbert Egberts feiert doch noch seinen fünfzigsten Geburtstag. Es stellt sich heraus, daß er an Bauchspeicheldrüsenkrebs leidet. Flix' Bruder Govert erzählt Albert, daß die Ärzte Onkel Egbert aufgegeben haben (G 293).

Flix ist für das nächste Studienjahr an der Königlichen Akademie in Den Bosch angenommen worden. Albert besucht ihn am Braven-Kanal, wo Flix ihm auf dem Dachboden eine Schüssel mit verwestem organischem Material zeigt (F 230-232).

SEPTEMBER 1971 Totenmesse für Egbert Egberts in der Pius-X.-Kirche in Eindhoven (F 353-354). Es folgt die Beerdigung, bei der Alberts Vater eine haarsträubende Rede auf seinen verstorbenen Bruder hält (G 311-312). Beim Leichenschmaus versöhnt sich Tante Maai mit Alberts Mutter (F 354).

ENDE OKTOBER 1971 Albert besucht gemeinsam mit Thjum einen Vortrag von Ernest Mandel über marxistische Ökonomie (G 350). Danach gehen sie in den Studentenclub *Dynamene*. Dort trifft Albert zum erstenmal in Nimwegen Milli Händel (G 350-355).

ENDE NOVEMBER 1971 Albert führt im *Dynamene* ein etwas längeres Gespräch mit Milli (G 359-361). Er berät seine neue Vermieterin, Mevrouw Bekkema, in Heiratsangelegenheiten und setzt eine Kontaktanzeige für sie auf (G 361-363). Cor Coster antwortet darauf.

JANUAR 1972 Bitterkalter Monat. Albert wohnt in seinem Souterrain in der Ahornstraat (G 364). Er liest dort eifrig in Nietzsches Werken.

23. JANUAR 1972 Albert besucht Milli Händel im Studentenwohnheim. Milli sitzt in der Küche und schaut sich im Fernsehen die Eislaufmeisterschaften an. Sie erzählt Albert erstmals von ihrer Herkunft (G 364-372). Nicht lange danach gehen sie miteinander ins Bett, und Albert wird wieder mit seiner Impotenz konfrontiert (G 373-376).

FEBRUAR/MÄRZ 1972 In den Wochen nach Karneval hat Albert intensiven Kontakt mit Milli (G 379).

10. MÄRZ 1972 Albert sieht zu, wie Milli nach langem Hin und Her ihren Weihnachtsstern stutzt, woraufhin sie den Stiel mit einer brennenden Zigarre versiegelt (G 381-383). Abends gehen die beiden Liebenden miteinander ins Bett. Aber auch nach einem ganzen dort verbrachten Wochenende erweist sich Albert als impotenter Liebhaber (G 383-388).

14. MÄRZ 1972 Der Anfang von zwölf traumhaften Frühlingstagen, von denen Albert jede Minute bei Milli verbringt. In ihrer Hand ergießt er sich zu früh (G 392-393). Albert hört Vorlesungen in Philosophischer Anthropologie im Albertinum, einem Dominikanerkloster im Schatten von Hoogeveldt (G 388). Mijnheer und Mevrouw Schwantje besuchen Milli und begegnen dort Albert, zum erstenmal nach vielen Jahren (G 398-399).

SAMSTAG, 18. MÄRZ 1972 Albert versucht es erneut bei Milli (G 400-402). In der Nacht hören sie ein Heulen. Am nächsten Tag stellt sich heraus, daß es von einem Staubsauger im Wohnheim gegenüber herrührt. Nähere Nachforschungen ergeben, daß Millis Nachbarin von gegenüber in der Nacht gestorben ist. Durch den Genuß von zuviel Zwiebelsuppe hat sie sich selbst »aufgeblasen« (G 402-408).

MITTWOCH, 22. MÄRZ 1972 Alberts Eltern besuchen ihren Sohn in Nimwegen (G 417-420). Albert lernt Mevrouw Bekkemas neuen Verlobten, Cor Coster, kennen (G 420).

SAMSTAG, 25. MÄRZ 1972 Albert schleicht sich aus dem Zimmer der schlafenden Milli und kehrt in sein Souterrain zurück, über dem Mevrouw Bekkema ihre Verlobung feiert (G 464-466).

SONNTAG, 26. MÄRZ 1972 Milli Händel verläßt Albert, nachdem er angedeutet hat, er sei der Sohn von Egbert Egberts (G 468-470).

DIENSTAG, 28. MÄRZ 1972 Albert erhält einen mit Selbstvorwürfen gespickten Brief von Milli. Er geht ins *Dynamene*, in der Hoffnung, sie dort zu treffen. Doch er begegnet nur der verzweifelten Marike de Swart, mit der er einen Spaziergang zum Ooypolder macht (G 475-481).

MITTWOCH, 29. MÄRZ 1972 Albert begleitet Marike in eine Abtreibungsklinik in Arnheim (G 482-484).

FREITAG, 31. MÄRZ 1972 Karfreitag. Albert hebt Geld von seinem Bankkonto ab, um Marikes Abtreibung zu bezahlen (G 484).

SAMSTAG, 1. APRIL 1972 Am Ostersamstag macht Albert mit der Familie Coster-Bekkema eine Fahrt in deren neuerworbenem Toyota (G 486). Abends versucht er bei Marike, endlich seine Impotenz zu überwinden (G 487-488).

SONNTAG, 2. APRIL 1972 Albert verbringt das Osterwochenende mit Marike im Bett (G 488-489).

DIENSTAG, 4. APRIL 1972 Marike nimmt eine Abtreibung vor. Auf dem Rückweg, im Zug von Arnheim nach Nimwegen, sieht Albert Milli Händel. Er tut alles, um ihr aus dem Weg zu gehen (G 491-494).

DONNERSTAG, 6. APRIL 1972 Marike besucht Albert in der Ahornstraat (G 496). Albert landet auf der Geburtstagsparty von Cor Coster, der achtunddreißig wird (G 497). Cor hackt mitten in der Nacht den Kirschbaum um, der Albert in seinem Souterrain den Blick versperrt (G 501-504). In dieser Nacht wird Albert von seiner Impotenz erlöst (G 506-509).

FREITAG, 7. APRIL 1972 Mevrouw Bekkema erzählt Albert, wer ihr Verlobter in Wahrheit ist. Coster ist Alkoholiker. Und er ist auch kein Pfleger in der Psychiatrie, sondern Patient (G 510-511). Der Mann hat sich mittlerweile aus dem Staub gemacht Die Leser wissen, daß er in Lummel ist. Albert besucht noch am selben Tag Milli Händel, um ihr seine »neu erworbenen Kenntnisse anzubieten« (G 512).

ZWEITE APRILWOCHE 1972 Albert erfährt durch *De Gelderlander* erstmals vom Fall Hennie A. (B 337). Er spricht mit Thjum über den »Doppelmord in Lummel« (B 338-340).

26. JUNI 1972 Albert verfolgt auf der Zuschauertribüne des Arnheimer Gerichts den Prozeß gegen Hennie A. (B 364-369).

SOMMER 1972 Albert verbringt seine Ferien in Spanien. Dort hat er eine Affäre mit der fünfzehnjährigen Juliette (F 48-59). Im Zug von Spanien in die Niederlande lernt er Leentge, eine Jugoslawin, kennen (F 60-66).

SEPTEMBER 1972 Albert zieht nach Hoogeveldt um; dort bekommt er ein Zimmer im Haus gegenüber von Milli Händel (G 524-525).

FRÜHJAHR 1973 Leentge ist bei Albert in Hoogeveldt zu Besuch. Doch Albert ist heftig verliebt in Milli (F 67-68). Bis 1976 wird Leentge ihn in jedem Frühjahr besuchen.

5. JUNI 1973 Der Fall Hennie A. geht in die nächsthöhere Instanz. Albert ist unter den Zuhörern (B 435).

ENDE 1973 Die sechzehnjährige Irene, die Kusine eines Flurbewohners, ertappt Albert, als er mit einem Fernglas Milli Händel belauert. Irene erklärt ihm ihre Liebe (F 108-109). Sie liefert Albert den x-ten Beweis für seine Impotenz (F 108-109).

FRÜHHERBST 1974 Albert und Thjum ziehen in die Villa von Thjums Vater (F 12). Dieses »Zweithaus« von Schwantje sen. steht im Berg en Dalseweg 963 (F 132).

13. OKTOBER 1974 Ljibbe van Stahlduynen stirbt. Am nächsten Tag stattet Albert Mevrouw Bekkema einen Kondolenzbesuch ab (G 526-530). Bestürzt erkennt er in dem Gesicht des toten Jungen sein eigenes Bild als Kind (G 531). Während Alberts Besuch ruft Cor Coster an, anonym (G 528).

SOMMER 1975 Während ihre Eltern in Urlaub sind, verbringt Albert eine Nacht mit Fredje Schwantje im Schlafzimmer ihrer Eltern (F 85).

WEIHNACHTEN 1975 Albert nimmt die mollige Trude auf seinem Gepäckträger von der Nimwegener Innenstadt bis ganz hinauf in den Berg en Dalseweg mit. Trude verbringt die Nacht bei ihm und bekommt Frühstück im Bett (F 16-17).

FEBRUAR 1976 Eines Abends verliebt sich Albert im *De Tempelier* in ein kurzhaariges Mädchen namens Agnes (F 156-157, 158-159). Währenddessen macht sich ein Dicksack an »Spokie«, Alberts Schwester, heran. Sie gehen alle zusammen in dessen Zimmer. Dort beginnt Albert einen Brief an Milli Händel, »um ihr endlich alles zu erklären«. Am frühen Morgen verläßt er, seine Schwester im Stich lassend, das Haus des Dicksacks (F 157).

MITTWOCHMORGEN, 31. MÄRZ 1976 Albert und Thjum stehlen Reliquien aus der Kapelle des Canisius-Kollegs (F 29-41).

1. APRIL 1976 Thjum und Albert besorgen sich die aufeinanderfolgenden Ausgaben von *De Gelderlander*, um zu sehen, ob die Zeitung den Diebstahl erwähnt. Am Ende des Tages trifft Leentge, Alberts jugoslawische Geliebte, ein (F 41-43).

1. APRIL 1976 Die Herren Studenten vom Berg en Dalseweg 963 organisieren eine Fete (F 70). Flix reist aus Den Bosch an. Albert verspricht, ihm bei seiner schriftlichen Arbeit über den Realismus zu helfen, mit der er sein Diplom an der Königlichen Akademie zu erhalten hofft (F 70, 86-87). Albert hat ein kurzes Gespräch mit Marike de Swart und konzentriert sich dann auf Leentge (F 71-73). Im Gegensatz zu Beertje taucht Milli bei der Fete auf (F 73-74). Leentge erzählt Albert von ihrem (ihrer beider) totgeborenem Kind (F 74-81). In der Nacht geht es ihr schlecht.

Zwischen drei und vier Uhr nachts beschweren sich Nachbarn der beiden Studenten telefonisch bei Albert Schwantje wegen Lärmbelästigung. Er sieht zusammen mit Gidi und Cristiaan sofort nach dem Rechten und kündigt Albert und Thjum zum 1. Juni 1976 (F 82-92).

SAMSTAGNACHMITTAG, 3. APRIL 1976 Flix wird zum Bahnhof begleitet. Danach ziehen Thjum und Albert in ihre Stammkneipe *De Tempelier* (F 99-102). Zusammen mit Irene fahren sie später per Taxi zurück in den Berg en Dalseweg.

Vom Auto aus sehen sie, wie Gideon Schwantje mit seinem Boliden einen Hund überfährt (F 109-112).

SONNTAGMORGEN, 4. APRIL 1976 Albert wacht zwischen Leentge und Irene auf (F 113). Nachmittags ziehen die Fetenbesucher ins *Diogenes* (F 113-114). Danach besuchen sie noch andere Kneipen. Die Sauftour endet wieder im *De Tempelier*, wo Thjum, Freek, Albert, Irene und Leentge sich um einen Tisch scharen. Gegen Mitternacht versucht die Gesellschaft, ein Taxi zu bekommen. Eine Schlägerei mit ein paar Taxifahrern endet mit einem kurzen Aufenthalt auf der Polizeiwache (F 118-126). Den Rest der Nacht verbringen sie zu Hause. Albert hat einen alkoholbedingten Alptraum, nachdem er auch bei Leentge wieder einmal mit seiner Impotenz konfrontiert worden ist. Er glaubt, daß sich jemand ins Haus geschlichen hat (F 127-132).

MONTAGVORMITTAG, 5. APRIL 1976 Albert wird von den Luftalarmsirenen aus seinem Rausch geweckt (F 132). Leentge bringt ihm Tee ans Bett. Danach begleitet Albert sie zum Bahnhof und setzt sie in den Zug nach Roosendal.

Nachmittags hört er dem Rauschen der Bäume rings um das Haus zu. In seinem Tagtraum wird er vor einem Gericht wegen seiner Impotenz bei Milli angeklagt (F 136-139). Das Telefon klingelt: Leentge ruft vom Bahnhof Brüssel Süd an. Sie hat ihren Mantel bei Albert hängenlassen. Albert vergräbt den Mantel im Garten, gräbt ihn später aber doch wieder aus (F 139-141).

DIENSTAG, 6. APRIL 1976 Albert bringt Leentges Mantel in die Reinigung (F 142).

MITTWOCH, 7. APRIL 1976 Der gereinigte Mantel wird an Leentge geschickt. Ein paar Tage später schaut Irene vorbei: Sie hat am Wochenende ihre Unterhose liegenlassen. Doch Albert hat sie bereits zu Leentges Mantel gelegt (F 143).

DIENSTAG, 27. APRIL 1976 Albert hat kein Geld mehr. Er erkundigt sich bei einer Bank am Keizer Karelplein nach Kreditkonditionen (F 150).

DONNERSTAG, 29. APRIL 1976 Albert kann sich bei der Bank das benötigte Geld abholen. Thjum begleitet ihn und erkundigt sich bei der Studentischen Arbeitsvermittlung nach einem Job. Danach gehen sie wieder mal ins *De Tempelier* (F 151-153). In der Kneipe beschließen Thjum und Albert, in

Amsterdam weiterzustudieren. Sie führen ein wichtiges Gespräch über »das Leben in die Breite« (F 174-178). Später bekräftigen die beiden ihren Entschluß, nach Amsterdam zu gehen, indem sie sich gegenseitig die Haare schneiden (F 186-187).

FREITAG, 30. APRIL 1976 Thjum und Albert gehen zum Bahnhofsfriseur, um die Schnippelei vom Vortag etwas nacharbeiten zu lassen. Thjum hält Albert im *De Tempelier* »zur Feier seines Geburtstags« frei (F 187).

SAMSTAG, 1. MAI 1976 Ein herrlicher Tag. Albert geht spazieren und begegnet Thjums Stiefmutter, Gonnie Schwantje-Stultiëns. Er spricht mit ihr über Milli. Um vier Uhr bringt Gonnie eine Portion Fleisch in den Berg en Dalseweg. Albert ist allein zu Haus. Sie sprechen über August Schwantjes Schlachthof und gehen dann miteinander ins Bett. Gonnie erzählt Albert von ihrer Affäre mit Egbert Egberts (F 188-201).

SONNTAG, 2. MAI 1976 Geburtstagsessen für Albert und Thjum bei der Familie Schwantje (F 202-203). Danach gehen die Jungs ins *Trianon* und in den Studentenclub *Diogenes* (F 207-208).

MONTAG, 3. MAI 1976 Albert und Thjum haben einen Job. Sie sollen das pleite gegangene Hotel Esplanade leerräumen (F 207). In der Nacht vom 2. auf den 3. Mai dringen sie betrunken in das Hotel ein und beginnen auf ihre Art schon mal mit dem Abbruch. Mittags räumen sie das Chaos, das sie nachts veranstaltet haben, wieder auf. Danach ziehen sie ins *De Tempelier*, wo sie in *De Gelderlander* lesen, daß in der vergangenen Nacht in dem Hotel eingebrochen worden ist (F 208-214).

1. JUNI 1976 Mit Hilfe eines studentischen Umzugsmanns aus »Babyloniënbroek« zieht Albert auf gut Glück vom Berg en Dalseweg um nach ... ja, wohin? Erst mal Richtung Den Bosch. Flix weigert sich, Albert bei sich aufzunehmen (F 217-235). Danach geht es zur Fleischfabrik Big-B-Oss, doch als Albert Schwantje sen. fragt, ob er nicht noch eine Weile im Berg en Dalseweg wohnen bleiben darf, wird er auf Geheiß des Fleischdirektors unsanft aus der Fabrik hinausbefördert (F 236-240). Dann also nach Geldrop, in das Haus von Alberts Eltern in der Wemstraat (F 257-261).

2. JUNI 1976 Albert erwacht in einem leeren Haus. Polizeihauptwachtmeister Hendrickxs ruft an, und es kommt zu einem Gespräch über eine von Egberts sen. erstattete Anzeige wegen Lärmbelästigung durch die Nachbarn (F 271-273). Etwas später streiten sich Albert und seine Eltern über die Beschwerde, die von der Polizei für unbegründet erklärt worden ist (F 274-275).

JUNI/JULI 1976 Es herrscht eine Hitzewelle. Albert lernt im Garten seiner Eltern für sein Vordiplom in Philosophie (F 279-281; G 9-17).

8. JULI 1976 Das Radio bringt Nachrichten über die israelische Befreiungsaktion in Entebbe (F 391). Albert besucht seine Großeltern und fährt dann weiter nach Den Bosch, zu Flix, bei dem er auch den Rest der Familie Boezaardt trifft. Flix erzählt, daß er mit Thjum im Bett war (F 395). Er schlägt Albert vor, gemeinsam nach Amsterdam zu gehen. Von Den Bosch aus meldet sich Albert telefonisch bei der Studentischen Zimmervermittlung in der Hauptstadt an. Danach besichtigt er mit Flix die in der Den Boscher Kunstakademie ausgestellten Abschlußarbeiten (F 403-405). Die beiden Herren trinken etwas in *Willy's Bonte Palet* und sehen sich dann einen Pornofilm bei einem Bekannten von Flix, dem Pädophilen Jo, an (F 406-409). Nach dem Essen besuchen sie eine Kirche, in der Flix Orgelpfeifen stiehlt (F 417-420). Danach fährt Albert mit dem Zug Richtung Eindhoven.

1. SEPTEMBER 1976 Über die Studentische Zimmervermittlung mietet Albert ein Zimmer in der Grote Wittenburgerstraat in Amsterdam (B 90, 92).

SEPTEMBER 1976 Robby Egberts verunglückt tödlich. Albert wohnt seiner Beerdigung bei (W 101-105). Am dritten Dienstag im September besichtigt Albert sein neues Zimmer in Amsterdam. Flix hält es bereits seit Anfang September besetzt (B 46, 94).

Albert antwortet auf eine Kontaktanzeige in *de Volkskrant*. Er verabredet sich telefonisch mit der Krankenschwester Susan Cox (B 92).

MONTAG, 4. OKTOBER 1976 Aus Geldrop fährt Albert mit seinen Eltern nach Nimwegen. Vor der Abfahrt wird sein Vater ohnmächtig (B 59-60). Albert legt um elf Uhr vormittags erfolgreich seine mündliche Vordiplomprüfung in Philosophie ab (B 56). Noch am gleichen Tag bringen seine Eltern ihn mitsamt seinen Sachen nach Amsterdam (B 57, 138). Auf dem Weg dorthin erinnert sich Albert an den Fall Hennie A., der ihn vor vier Jahren so fasziniert hat (B 61-62). Er denkt auch über seine neue Mission nach (B 147). »Ich würde die Dinge, die alltäglichen Sachen, von ihrer nüchternen Hülle aus Schrumpffolie erlösen ... ich würde den Kesselstein der Selbstverständlichkeit, der sich an ihnen festgesetzt hatte, abschlagen« (P 174).

Um drei Uhr ist die Familie in Amsterdam, und Albert bezieht seine Wohnung in der Grote Wittenburgerstraat (B 147). Dort lernt er Patrick Gossaert, alias Patrizio Canaponi, kennen (B 171). Zwei Tage später besucht Albert seine Schwester Mariëtte, die im Happy Holland Hotel in der Nicolaas Maesstraat wohnt (B 186). Er trifft dort auf Arend-Jan Baartscheer, alias »Streepje«. Danach geht er zu seiner Verabredung mit Susan Cox, doch die ist nicht zu Hause (B 206-207).

DRITTE OKTOBERWOCHE 1976 Flix meldet sich; Albert und er wohnen jetzt zusammen in dem Studentenzimmer in der Grote Wittenburgerstraat. Flix besucht Ateliers 63 in Haarlem und tüftelt an seinem Gipsprojekt (B 225). Albert studiert Kunstphilosophie (B 221). Flix ist übrigens mehr in Den Bosch als in Amsterdam (B 224).

HERBST 1976 Albert Egberts sen. bringt seine Irische Setterhündin Henna zum Tierarzt (S 100). Albert macht mit seinen Eltern einen Spaziergang durch die Stabrechter Heide zu *De Hut van Rie Pils*, wo der Vater von einem Bouvier gebissen wird.

Albert lernt über Thjum den Anwalt Ernst Quispel kennen (B 268).

20. OKTOBER 1976 Albert begegnet Zwanet Vrauwdeunt in der Nähe des Oudemanhuispoort. Er findet sie in Hockstellung im Onkelboerensteeg; eine Katze kratzt sie am Auge. Albert begleitet Zwanet zum Binnengasthuis (B 260-264). Danach trinken sie Kaffee im *Duyvenee* (B 269).

22. OKTOBER 1976 Albert besucht Zwanet. Das Zeitarbeitsbüro, in dem sie arbeitet, hat einen Job für ihn. Das Büro sucht einen Eilboten, der Päckchen in Rom abliefern soll. Albert übernimmt den Job (B 279-281).

NOVEMBER 1976 Albert macht seinen ersten Trip als Kurier nach Rom (B 293).

WEIHNACHTEN 1976 Albert verbringt die Feiertage mit Thjum in London (B 299). Flix hat inzwischen ein Stockwerk in der van Ostadestraat besetzt, in das auch Albert einzieht (B 300). Flix nimmt das Vorderzimmer im 2. Stock, Albert das hintere Zimmer (B 344).

JANUAR 1977 Albert geht mit ein paar Nimwegener Freunden Schlittschuh laufen; eine Sache, die ziemlich außer Kontrolle gerät. Albert treibt es mit Jerry, der Freundin von Gideon Schwantje (B 312-324).

30. APRIL 1977 Zusammen mit Sux Cox feiert Albert seinen Geburtstag. Susan lädt ihn zu einem teuren Essen im *L'Entresol* an der Geldersekade ein (S 127, B 529).

FREITAG, 13. MAI 1977 Albert läuft auf der Blauwbrug Baartscheer über den Weg. Sie trinken etwas im *De Strooien Boot* und unterhalten sich über Céline (B 408-410). Albert beginnt Baartscheer zu hassen (B 412).

MAI 1977 Albert kommt zum erstenmal in Kontakt mit dem Neapolitaner Kinderhändler Gesù Porporà (B 420). Außerdem bewirbt er sich als Journalist bei RABBIT, dem Randstädtischen Büro zur Belebung von Import und Tourismus, in Den Haag (B 421). Am Tag der Parlamentswahl fährt er nach Nimwegen, um seinen neuen Job zu feiern (B 431-432, 440). Er versucht, im Berg en Dalseweg seine Wahlkarte abzuholen, und sucht danach seinen Bruder Freek auf, der im Garten des Albertinums *Philosophy of the Urban Guerrilla* liest (B 442-449). Abends verfolgt Albert mit ein paar Freunden in einer Kneipe die Wahlergebnisse (B 450). Die Gruppe landet zu guter Letzt im Zimmer von Madelon, einer von Alberts Nimwegener Freundinnen (B 451-452).

JUNI 1977 Albert trifft in Rom Patrick Gossaert (P 442-443).

1. JULI 1977 Albert Egberts besucht Patrick Gossaert in der Wittenkade (B 461).

JULI 1977 Albert bekommt einen Job als Interviewer bei einer Meinungsumfrage des Statistischen Amts der Stadt Amsterdam. Er soll Bewohner im Stadtteil Bijlmermeer vor dem Hintergrund der Einführung der Metro über ihre Nutzung öffentlicher Verkehrsmittel befragen (B 469-472).

SOMMER 1977 Albert erlebt einen glückseligen Sommer mit Zwanet (B 509). Im Auftrag Gesù Porporàs bringt er das Adoptivkind Marco in die Niederlande. Das Kind ist für die Familie Wendelgelst bestimmt und soll im Kaufhaus *De Bijenkorf* in Amsterdam übergeben werden. Zu seinem großen Schreck verliert Albert den kleinen Jungen dort kurzzeitig aus dem Auge (P 760-762).

11. AUGUST 1977 Albert führt ein langes Gespräch mit Ernst Quispel über Korpulenz, Dipsomanie und das Leben in die Breite (B 473-485).

MITTE AUGUST 1977 Bruder Freek zieht zu Albert in die van Ostadestraat (B 489-490). Auch Flix läßt sich dort wieder mal blicken.

ENDE AUGUST 1977 Nachdem Albert Zwanet nach Hause gebracht hat, trifft er Sux Cox im *Dogshit City*. Albert befindet sich in der Gesellschaft Freeks und des Sologitarristen Paddy. Später besuchen sie einen »Shoarma-Laden«, wo Sux Albert auffordert, mit zu ihr zu kommen. Albert weigert sich jedoch (B 516-517).

DIENSTAG, 20. SEPTEMBER 1977 Albert füllt die letzten Umfrageformulare für die Studie zur künftigen Nutzung der Metro aus (B 510).

MITTWOCH, 21. SEPTEMBER 1977 Albert erhält sein Honorar und begleicht seine dringlichsten Schulden. Einen Hundertguldenschein behält er für sich (B 510). Gegen Abend klingelt Sux Cox bei ihm (B 513). Sie will Albert zum nächsten Tag gratulieren, ihrer Rechnung nach sein zehntausendster Lebenstag (B 514, 530-531). Albert schickt Susan weg; er wird sie erst am 30. April 1980 wiedersehen (B 533).

Gegen acht besucht Albert das *Bierenbroodspot* (B 541). Dort trifft er Baartscheer und Quispel und sieht zu, wie ein junger Marokkaner gedemütigt wird (B 548-555). Um Viertel vor elf betritt Albert das *Ferdy* (B 564). Hier kommt er in Kontakt mit dem Dichter und Zuhälter Krijn, der ihn in den Kokainkonsum einführt (B 573-574). Die »Schneenacht im September« beginnt.

Albert fährt mit Krijn zum Leidseplein, sie wollen in den Künstlerclub De Kring, erhalten aber keinen Zutritt (B 579-580). Es geht weiter in eine Discothek in der Korte Leidsedwarsstraat, wo sie wieder Kokain schnupfen (B 582). In der

Hoffnung, Zwanet zu treffen, macht Albert sich mit Krijn auf den Weg ins *Dogshit City*. Sie kommen dort im selben Moment wie Ernst Quispel an (B 583). Weil Krijn dabei ist, wird Albert der Zutritt verweigert (B 583-584). Daraufhin ziehen sie ins *Klopstock*, zusammen mit einer Gruppe Theaterleute, und landen schließlich im *De Idolatrie* (B 589, 596).

DONNERSTAG, 22. SEPTEMBER 1977 Die Schneenacht wird in dem am Singel gelegenen Etablissement *Le Loup* fortgesetzt (B 605). Danach geht es weiter in unzählige Kneipen, Tanzbars, Nachtclubs vom Leidseplein über das Rotlichtviertel in Richtung Rembrandtsplein (B 615). Dabei versuchen Krijn und Albert es noch einmal im *De Kring* (B 615).

Ihr Weg durch die Stadt gleicht einer Spiralbewegung. Die beiden Männer machen einen Abstecher zur Hobbemakade, wo sie die Bar *Chez Bellamy* besuchen, ein Bordell, in dem Albert eine Massage genießt (B 629-637). Später nehmen sie in einem Lokal in der Nähe des Rembrandtsplein noch reichlich Kokain zu sich (B 638). Ungeahnte Leichtfüßigkeit (B 639). Albert verliert seine Schlüssel (B 641).

In einer frühmorgens geöffneten Kneipe in der Paardenstraat unterhält sich Albert mit einem Türken, Ali, der ihn in seinem Luxuswagen bis zur Kreuzung van Ostadestraat/Ferndinand Bolstraat bringt. Albert besteht darauf, daß Ali ihn dort absetzt. Danach nimmt er ein Taxi in die van Eeghenstraat (B 645-650, 656-660). Zwanet ist nicht zu Hause. Albert stellt sich in der De Lairessestraat an die Haltestelle der 16, steigt jedoch in die falsche Straßenbahn und landet in einem Vorort (B 660, 668-669). Er klingelt vergeblich an einem Hochhaus und fährt schließlich wieder in die Stadt zurück. In der Straßenbahn begegnet er seiner Großtante Nel (B 671-673).

Später wacht Albert auf dem Sofa in Thjums Wohnung am Grimburgwal, über der Galerie de Moker, auf (P 9). Nachmittags besorgt er sich bei einem Drogisten in der van Woustraat ein Päckchen Rasierklingen, doch es gelingt ihm nicht, sich zu rasieren (P 28-29). Er ruft bei Zwanet an und erfährt von ihrer Mutter, daß sie nicht zu Hause ist.

Danach ruft er seine Freundin Sheila an und verabredet sich mit ihr um acht Uhr am Lesetisch im *Américain* (P 31). Um Ali zu entrinnen, sucht er eine Adresse, wo er untertauchen kann (P 32-33).

FREITAG, 23. SEPTEMBER 1977 Anders als Ernst Quispel später »vom Hörensagen« zu wissen glaubt (A 534), zieht Albert für kurze Zeit zu Sheila in die Derde Helmersstraat (P 36).

DONNERSTAG, 29. SEPTEMBER 1977 Albert kehrt nach Hause zurück, wo er Freeks Abschiedsbrief findet (P 52-53, 57-59). Gerade als er ihn gelesen hat, steht Ali vor der Tür (P 60-61).

OKTOBER 1977 Albert beginnt die Kontrolle über seinen Heroinkonsum zu verlieren (P 75-76, 92). Zwischen Albert und Zwanet kommt es zu einer Abkühlung (P 76).

SAMSTAG, 19. NOVEMBER 1977 Auf einer Fete bei Mariëtte deckt Baartscheer den antisemitischen Tenor der früheren *Tim und Struppi*-Hefte auf (P 98).

DONNERSTAG, 24. NOVEMBER 1977 Fahnder vom Rauschgiftdezernat suchen Albert auf. Sie befragen ihn zu Ali (P 124).

FREITAG, 25. NOVEMBER 1977 Premiere des Theaterstücks *Die Chinesische Mauer* von Max Frisch. Thjum Schwantje spielt die Hauptrolle, den »Heutigen«. Albert, Flix und Patrick Gossaert besuchen die Premiere, Flix erzählt von seinem Gipsprojekt. Er möchte die letzten Zuckungen von Menschen in Gipsfiguren festhalten (P 134-138). Um seinem extremen Realismus Form geben zu können, möchte er nach Neapel, um dort die versteinerten Toten von Pompeji zu studieren. Albert beschließt, mitzufahren (P 139).

SAMSTAG, 26. NOVEMBER 1977 Albert bucht bei Transalpino eine Reise nach Neapel (P 140).

SONNTAG, 27. NOVEMBER 1977 Flix und Albert fahren mit dem Zug nach Neapel (P 145). Thjum soll zu Weihnachten nachkommen (P 146). Am Grenzübergang nach Deutschland muß Flix eine noch nicht beglichene Geldstrafe bezahlen (P 151-152). Albert kämpft mit Entzugserscheinungen (P 155-160).

MONTAG, 28. NOVEMBER 1977 Bei Ankunft an der italienischen Grenze glauben die beiden Reisegefährten, bei Drogenbesitz erwischt worden zu sein (P 162-166). Doch alles läuft gut ab. Albert bekommt einen cold turkey (P 171).

Die Jungs kommen in Neapel in der Pension Gran Sasso unter (P 174-175, 176). Flix besorgt für Albert ein paar Heroinzigaretten (P 178). In den Tagen danach steht Albert für Flix' Gipsprojekt Modell (P 190-196). Die Freunde streunen durch die Quartieri von Neapel und besuchen Pompeji (P 196-198).

ANFANG DEZEMBER 1977 Albert und Flix heuern ein paar Transvestiten an, um Flix Modell zu stehen (P 202). Nach mehrtägigem Aufenthalt in Neapel fährt Albert nach Sizilien, um dort den Entzug zu schaffen (P 217). In der Straße von Messina wirft er eine Flasche mit einem Liebesbrief von Flix an Thjum über Bord (P 218, 287). In Sizilien angekommen, erkennt Albert in einem Bewunderer des Doms von Catania sein Ebenbild als alter Mann (P 223-224). Er unternimmt einen Strandspaziergang (P 232-234).

MITTWOCH, 21. DEZEMBER 1977 Einige Tage vor Weihnachten reist Albert nach Neapel zurück (P 237). Dort trifft er weder Flix noch Thjum an. Albert quartiert sich im Hotel Principe ein (P 242).

FREITAG, 23. DEZEMBER 1977 Zwischen halb sieben und halb acht durchsteht Albert eine schwierige Stunde; er hat Heimweh nach Weihnachten daheim in Geldrop (P 244-246).

WEIHNACHTEN 1977 Albert erlebt ein Martyrium. Er tigert durch die schmuddeligen, nassen Viertel von Neapel und sucht Flix (P 246-247).

DIENSTAG, 27. DEZEMBER 1977 Albert findet Flix und Thjum in Flix' neapolitanischem Atelier (P 248-250).

31. DEZEMBER 1977/1. JANUAR 1978 Flix packt Thjum zum letztenmal in Gips ein, diesmal jedoch gründlich (P 253). Gegen Mitternacht streunt Albert durch das feiernde Neapel (P 258). Zusammen mit Gesù besucht er die *Boston Blackies American Bar* (P 265). Dort erfahren sie, daß Thjum im Gips erstickt ist (P 270). Flix und Albert werden von den Carabinieri zum Unfallort gebracht und dann festgenommen (P 274-285).

12. JANUAR 1978 Albert kehrt nach seiner Vernehmung mehr oder weniger clean nach Amsterdam zurück (A 536). Dort wartet Ali auf ihn; Albert greift erneut zu Drogen (P 290-291). Zwanet kündigt im Zeitarbeitsbüro Quick Quick Slow und reist nach Kanada (A 536).

13. JANUAR 1978 Albert wohnt Thjums Beerdigung bei (P 292-298). An seinem Grab gelobt Albert, nur noch Stücke zu schreiben, in denen Thjum die Hauptrolle spielt (P 297-298).

MÄRZ 1978 Albert beginnt, sich Heroin zu spritzen. Er bekommt von Ali eine funkelnagelneue Fiskars-Schere (P 310). Eine Mäuseplage sucht Alberts Wohnung heim (P 309).

23. MÄRZ 1978 Im Leidsebosje begegnet Albert Ernst Quispel. Ihr Gespräch dreht sich um den Fall Hennie A. Albert schlägt Quispel vor, ein Wiederaufnahmeverfahren in Gang zu setzen (P 313-316). Quispel vertritt Albert in verschiedenen Angelegenheiten als Anwalt, wie: illegaler Bezug einer Wohnung, Ladendiebstähle, Kinderhandel u.ä. (P 317).

ENDE MÄRZ 1978 Prozeß gegen Flix in Neapel. John Vlacq von der Kanzlei Quispel & Vlacq verteidigt ihn (P 317). Albert wohnt dem Prozeß bei, aber Flix beachtet ihn nicht (P 319).

FRÜHJAHR 1978 Albert beginnt, Bügelscheren zu sammeln (S 67). Mit Hilfe von Scheren bricht er Autos auf. Die gestohlenen Sachen macht er zu Geld, um so an Heroin zu kommen. Albert läßt sich absichtlich wegen Diebstahls fassen. Er wird zu sechs Wochen Haft verurteilt und in Raum 1.0.11 des östlichen Zellenblocks des Untersuchungsgefängnisses II in der Havenstraat eingesperrt. Entgegen seinen Hoffnungen geht während seiner Haft der Heroinkonsum unvermindert weiter (P 322, 324).

OKTOBER 1978 Albert lernt Maggy Zwercks kennen. Er begegnet ihr eines Nachts im Hellebaardsteeg, wo sie ihr Fahrrad aufzuschließen versucht (P 342). Albert verliebt sich in sie; sie benutzen Hauseingänge als Bett (P 345, 358).

NOVEMBER 1978 Von Rechtsanwalt John Vlacq erfährt Albert, daß Flix im Berufungsverfahren zwölf Jahre bekommen hat, die er in Neapel absitzen muß (P 356).

MONTAG, 18. DEZEMBER 1978 Gemeinsam mit Maggy besucht Albert Paris (P 359). Im Hotelzimmer gesteht er ihr seine Drogenabhängigkeit (P 361).

DIE WOCHE ZWISCHEN WEIHNACHTEN UND DEM JAHRESENDE 1978 Albert versucht, vom Heroin loszukommen (P 362).

31. DEZEMBER 1978 Maggy und Albert verbringen den Silvesterabend in der van Ostadestraat (P 363).

ANFANG JANUAR 1979 Odile Amandsberg verführt Albert (P 372-376).

SAMSTAG, 20. JANUAR 1979 Albert hört im Radio einen Dokumentarbericht über den Fall Hennie A. (P 378). Nachmittags kauft er sich Stiefel mit hohen Absätzen; damit rutscht er auf dem Glatteis aus und verstaucht sich den Knöchel (P 378-379). Abends machen sich Albert und Maggy auf den

Weg zu einer Fete bei Odile, doch sie warten vergeblich auf eine Straßenbahn, da der öffentliche Verkehr infolge der Witterungsbedingungen fast zusammengebrochen ist (P 386). Um halb ein Uhr nachts bekommen sie schließlich ein Taxi (P 391). Bei Odile streitet sich Albert mit Dodo, dem DJ vom *Dogshit City*. Dodo zieht Margerie an Land. Albert ertappt beide beim Kokainschnupfen (P 402). Er schlägt Margerie, doch sie schlägt zurück.

SONNTAG, 21. JANUAR 1979 Als Albert und Maggy nachts nach Hause kommen, kann Albert seine Stiefel nicht mehr ausziehen (P 412). Er schläft mit dem Stiefel (also wieder impotent). Margerie macht Schluß, und Albert greift wieder zu Drogen (P 415).

DIENSTAG, 6. FEBRUAR 1979 Albert hört sich auf dem Dam die Geschichte von Lotsapoppa über Freiheit und das Leben an (P 422-429).

SOMMER UND HERBST 1979 Sexfeten bei Marike, in Etten-Leur, in ihrem Zimmer in Nimwegen und auf der Mokerheide (P 454-455, 496-512, 525-535). Albert ist jetzt definitiv auf der Suche nach einem »Minimum an sexuellem Gedöns« (P 456). Er arbeitet an seiner Enzyklopädie der Vulva mit dem Titel *Die Kapelle* (P 459, 496).

20. OKTOBER 1979 Patrick Gossaert berichtet Albert, daß er das Problem der »absoluten Erzählinstanz« gelöst hat. Er ist halbbetrunken in einen Teich gegangen; in der Entengrütze erschien für den Bruchteil einer Sekunde das Eröffnungszeichen am Beginn von Notenlinien. »Ich sah die Inschrift des Grabes von John Keats in Rom wieder vor mir: HERE LIES ONE WHOSE NAME WAS WRIT IN WATER ... und in dem Moment erhielten in diesem Park die schon seit Monaten in meinem Kopf brausenden Chöre endlich eine verständliche Stimme.« (P 476)

6. NOVEMBER 1979 Albert beantragt im Rathaus einen neuen Paß, nachdem er den alten bei seinen Sauftouren verloren hat. Auf dem Standesamt trifft er Zwanet und Quispel, die ihr Aufgebot bestellen. Albert läßt eine Tirade gegen die Ehe los (P 546).

MONTAG, 24. DEZEMBER 1979 Albert hat in der Leidsestraat eine Begegnung mit Baartscheer (P 549).

ENDE JANUAR/ANFANG FEBRUAR 1980 In einer Kneipe hört Albert im Fernsehen, wie die Königin ihren Thronverzicht ankündigt (S 55).

SAMSTAG, 1. MÄRZ 1980 Albert reist in Gedanken aus allen Himmelsrichtungen nach Amsterdam (P 576-578). Wie jeden Tag unternimmt er seinen erzwungenen Gang durch die Stadt (P 578).

DIE NACHT VOM 1. AUF DEN 2. MÄRZ 1980 Von Auto zu Auto gehend, landet Albert in der Nähe des Overtoom. Dort feiern die »Kraker«, die Hausbesetzer, an einer aufgetürmten Barrikade. Sie kippen das Auto um, in das sich Albert gesetzt hat. Ernst Quispel rettet ihn gerade noch vor dem Flammentod (P 582; A 75).

MÄRZ 1980 Aus dem Südjemen zurückgekehrt, sucht Alberts Bruder Freek das Schlachtfeld nach der Räumung in der Vondelstraat auf (P 597). Zu Hause, in der van Ostadestraat, trifft er Albert, der inzwischen kaum mehr ist als ein Schatten seiner selbst (P 599). Mittlerweile ist auch Alberts Haus mit dem Abriß an der Reihe.

30. APRIL 1980 Albert macht seine nächtliche Tour durch Amsterdam. Er geht über den Singel, die Herengracht und die Wolvenstraat zur Keizersgracht (S 23). An der Keizersgracht bricht er einen Fiat auf und will sich hineinsetzen (S 24-25). Aber er hat nicht gesehen, daß er sich in einem Behindertenauto befindet und daß darin ein Hund eingeschlossen ist, der ihn beißt (S 40). Das alles löst einen Strom von Erinnerungen aus; Albert erhält Zugang zu einem wahren »Leben in die Breite«.

Albert geht weiter in Richtung Amstel. Er bleibt vor einem Mann im Rollstuhl stehen, der sich als der Besitzer des Fiats entpuppt. Über die Prinsengracht schiebt er den Mann zu dessen Haus im Jordaan (S 43). Dort angekommen, brät dessen Bruder Eier mit Speck (S 45). Über eine Gasse, die in die Kalverstraat mündet, setzt Albert seinen Weg Richtung Rembrandtsplein fort (S 47). Als er am Munttoren vorbeikommt, ist es genau vier Uhr (S 9-11, 51). Er geht durch die Reguliersbreestraat am Tuschinski vorbei zum Taxiplatz am Rembrandtsplein (S 54-63), wo er hört, wie Baartscheer einen Surinamer fertigmacht (S 71-72).

Nach langer Warterei bekommt Albert ein Taxi und fährt

durch die Amstelstraat über die Blauwbrug und weiter durch die Camperstraat zu Onze Lieve Vrouwegasthuis (S 91-99). Dort wartet er um halb sieben auf die Krankenschwester Sux Cox. Mit ihr geht er in die »Krankenpflegerkneipe« (S 107). Albert sieht im Fernsehen, wie die Königin die Abdankungsurkunde unterzeichnet (S 113). Er ohrfeigt Sux, weil sie nicht weiß, was ein Schaltjahr ist (S 128), verläßt die Kneipe und geht Richtung Amstel durch die Wibautstraat (S 130). Er kommt am Studentenwohnheim in der Weesperstraat vorbei, auf das die Parole »Keine Wohnung, keine Krönung« gepinselt ist (S 131). Am Jonas Daniël Meyerplein stößt er auf einen Demonstrationszug (S 131-132). Er zieht mit den »Autonomen« mit. Über den Waterlooplein geht es zur Blauwbrug. Dort findet die Schlacht um die Blaubrücke statt (S 137-146).

Albert, der sich keineswegs als Held erweist, flüchtet schließlich in die Kneipe *De Strooien Boot* (S 150-151). Hier sieht er im Fernsehen, wie die neue Königin in die Nieuwe Kerk schreitet und eine Ansprache an die Mitglieder der Generalstaaten hält (S 151-154).

Etwas später befindet sich Albert in einer Kneipe in der Jan Pieter Heijestraat in Amsterdam-West. Dort wird er Zeuge einer Szene, bei der ein betrunkener Rentner als Scheintoter auf dem Billardtisch aufgebahrt wird. Danach geht er Richtung Overtoom, um Sux Cox zu besuchen. In der Brederodestraat begegnet er Els Korstanje, alias Hennie Avezaath (B 16-26).

ENDE JUNI 1980 Mevrouw de Hoogh-Stey, inzwischen in einem Altersheim, besucht noch einmal ihre ehemalige Wohnung in der van Ostadestraat. Albert empfängt sie (P 650). Wieder wird Albert von einer wahren Mäuseplage heimgesucht (P 653).

JULI 1980 Infolge ständiger Regenfälle verwandeln sich die Niederlande in ein Sumpfdelta oder, in Gesù Porporàs Worten: in eine Sumpfmöse (B 14; P 649).

15. JULI 1980 Albert sucht den Zahnarzt auf, um sein Gebiß sanieren zu lassen; unterwegs läuft er in Rosenranken und zieht sich Schrammen im Gesicht zu (P 656). Milli Händel nimmt wieder Kontakt zu ihm auf, doch Albert reagiert nicht eben begeistert (P 657).

MONTAG, 21. JULI 1980 Albert flüchtet sich vor dem Regen in den Öffentlichen Lesesaal an der Prinsengracht und liest dort in der *Far Eastern Economic Review* einen Artikel über Babyraub in Thailand (P 639). In einem Eßlokal erlebt er im Fernsehen den Auftritt der Gruppe Derrick Fisher Disco, der nicht nur der Sologitarrist Paddy, sondern auch sein Bruder Freek angehört (P 675).

DIENSTAG, 22. JULI 1980 Albert steht um drei Minuten nach halb zwölf auf. Er setzt sich einen Schuß Heroin und sieht dann eine Maus, die aus seiner Zahnbürste frißt (P 671-674). Daraufhin klappert er verschiedene Kneipen auf der Suche nach Arend-Jan Baartscheer ab (P 682). Im *De Hondt* läuft er Quispel in die Arme. Er erkundigt sich nach den möglichen Konsequenzen eines Anschlags auf Baartscheer (P 695; A 76). Daraufhin geht Albert ins *De Huyschkaemer* in der Utrechtsestraat, wo Baartscheer, alias Johann, Stammgast ist (P 697 699). Albert trifft Vorbereitungen für die Exekution (P 702). Er verläßt zum letztenmal die van Ostadestraat 209. Die Hinrichtung soll nun wirklich am Abend stattfinden (P 750).

Arend-Jan Baartscheer geht nachts, um fünf nach eins, an der beleuchteten Telefonzelle am Frederiksplein vorbei (P 789). Albert verschiebt die Hinrichtung auf den nächsten Abend (P 793).

MITTWOCH, 23. JULI 1980 Der erste perfekte Sommertag seit sechs Wochen. Albert folgt dem Penner »Onkel Juk« auf dessen Weg durch die Stadt und setzt sich in ein Straßencafé (P 730). Ihm kommen Zweifel; ist es nicht besser, Baartscheer nicht zu töten, sondern ihn lediglich zu verletzen? Wie auch immer: Heute abend ist es soweit oder spätestens morgen (P 808-809).

Nach dem Anschlag wird Albert zu acht Monaten Haft verurteilt (A 369). Im Gefängnis schreibt er das Stück *Pigs and Dwarfs*. Die Hauptrolle ist für Thjum bestimmt, hin und her gerissen zwischen Flix' Hyperrealismus und den Ansichten des Dramaturgen Albert (A 369-371).

ENDE 1981 Albert Egberts wird aus dem Gefängnis entlassen (A 68).

1982/83 Nach vergeblicher vorheriger Bewerbung (P 748) arbeitet Albert als Beifahrer bei der Ungezieferbekämpfung des Gesundheitsamts Amsterdam (A 69).

FREITAG, 12. APRIL 1985 Albert führt in seiner Arbeitszelle im ehemaligen Untersuchungsgefängnis in der Havenstraat ein Gespräch mit Ernst Quispel über das Libretto für die Oper anläßlich der Eröffnung des Muziektheaters. Er erzählt Quispel, wie und warum er heroinabhängig geworden ist. Es ging um »eine mehr oder weniger philosophische Entscheidung für die Bewegung« (A 120-123). Felix Boezaardt, gerade aus Italien zurück, besucht Albert (A 142-144).

DIENSTAG, 16. APRIL 1985 Albert Egberts diskutiert mit den Hahnenkämmen über die Frage, wann genau das dritte Jahrtausend beginnt (A 224-230).

SAMSTAG, 20. APRIL 1985 Quispel und sein Vermieter Olree machen eine Bootsfahrt durch die Grachten und treffen an der Baugrube des Muziektheaters Arthur Seijffardt und Albert Egberts (A 259). Olree setzt Quispel und Albert an der Schinkelkade ab (A 263).

DONNERSTAG, 25. APRIL 1985 Die ME räumt das ehemalige Untersuchungsgefängnis II in der Havenstraat. Albert Egberts sieht Arend-Jan Baartscheer unter den herbeiströmenden Zuschauern (A 316-321).

ENDE 1985 Eine Galerie an der Keizersgracht stellt Werke von Felix Boezaardt unter dem Titel *Totenhemd* aus. Kein Geringerer als Kienholz hält die Eröffnungsrede (A 372).

FREITAG, 16. MAI 1986 Albert ist anwesend, als das Grab von Kiliaan Noppen geöffnet wird. Bei dieser Gelegenheit erzählt er Quispel von der Rolle, die Thjum in seinem Stück übernehmen soll: Thjum spielt den großen Abwesenden (A 475-476).

DIENSTAG, 23. SEPTEMBER 1986 Welturaufführung der Oper *Victor IV.* anläßlich der Eröffnung des »Schuhkartons«. Musik: Arthur Seijffardt. Libretto: Albert Egberts (A 549). Doch in Wirklichkeit wird der Einakter *Der Guckkasten* gespielt, weil die Oper vom Intendanten abgelehnt worden ist (A 564-567).

MITTWOCH, 24. SEPTEMBER 1986 Albert sagt im Fall Noppen aus. Er nennt den Täter, der Kiliaan Noppen mit einem Stein auf den Kopf geschlagen hat (A 579). Albert erzählt Quispel, daß es zwischen ihm und Zwanet wieder funkt (A 582).